백신이
뭐예요?

미래를 여는 키워드 — 3

백신이 뭐예요?

초판 1쇄 발행 2023년 2월 3일 | **초판 2쇄 발행** 2024년 10월 17일
글쓴이 예병일 | **그린이** 우지현
펴낸이 홍석 | **이사** 홍성우
편집부장 이정은 | **편집** 조유진 | **디자인** 권영은·김영주
마케팅 이송희·김민경 | **제작** 홍보람 | **관리** 최우리·정원경·조영행
펴낸곳 도서출판 풀빛 | **등록** 1979년 3월 6일 제2021-000055호 | **제조국** 대한민국 | **사용 연령** 8세 이상
주소 서울 강서구 양천로 583, 우림블루나인 비즈니스센터 A동 21층 2110호
전화 02-363-5995(영업), 02-362-8900(편집) | **팩스** 070-4275-0445
전자우편 kids@pulbit.co.kr | **홈페이지** www.pulbit.co.kr | **블로그** blog.naver.com/pulbitbooks | **인스타그램** instagram.com/pulbitkids

ISBN 979-11-6172-566-6 74510
979-11-6172-448-5(세트)

※책값은 뒤표지에 표시되어 있습니다.
※파본이나 잘못된 책은 구입하신 곳에서 바꿔드립니다.
※종이에 베이거나 긁히지 않도록 조심하세요. 책 모서리가 날카로우니 던지거나 떨어뜨리지 마세요.

백신이 뭐예요?

예병일 글 | 우지현 그림

풀빛

| 작가의 말 |

감염병 해결을 위한 최선의 방법, 백신

2019년 말에 처음 등장한 코로나바이러스감염증-19(아래 코로나19)는 세상을 크게 바꾸어 놓았어. 학생들이 학교에 가지 않고, 회사에 다니는 직장인들은 재택 근무를 하고, 직접 만나서 하던 일을 만나지 않고 컴퓨터 모니터를 보면서 하게 되었지.

코로나19가 무서웠던 이유는 처음 나타난 병이어서 아는 게 별로 없었고, 전파력이 강하여 갑자기 많은 환자들이 발생했기 때문이야. 병원에 가 봐야 의사들도 병에 대해 잘 모르고 있고, 적절한 치료약도 없었으니 공포의 대상이 될 수밖에 없었어.

2020년 초부터 전 세계는 힘을 모아 대비책을 찾기 시작했어. 감염병을 해결할 수 있는 가장 좋은 방법은 병에 걸리지 않도록 예방 백신을 사용하는 것과 사람의 몸속에 들어온 바이러스를 죽일 수 있는 약을 사용하는 거야. 문제는 처음 나타난 감염병은 백신과 약이 없으므로 빨리 찾아내야 한다는 점이야.

백신을 잘못 만들면 효과도 없고, 부작용이 생길 수도 있어. 현재까지 많은 백신을 개발하여 사용하고 있지만 계속해서 새로운 백신을 연구하고 있지. 아무리 과학적인 방법으로 백신을 잘 만든다 해도 실제로 사용해 보기 전에는 효과를 정확하게 예측하기 어렵기 때문이야.

한 공장에서 같은 주형을 이용하여 물건을 찍어 내면 똑같은 물건이 생산돼. 하지만 같은 교실에서 함께 공부를 해도 시험 성적이 똑같이 나오지 않는 것은 사람도 생물체의 특징을 가지고 있기 때문이야.

생물계에서 미생물이 진핵생물로 침입하여 발생하는 감염병에 대항하는 백신도 효과를 예측하기 어려우므로 더 좋은 백신을 찾아내기 위해 전 세계 의학자들이 불철주야 연구를 계속하고 있어.

영국의 제너에 의해 종두법이 소개된 후 200여 년이 지나는 동안 인류는 감염병 해결을 위해 어떤 백신을 어떤 방법으로 개발해 왔는지를 알아보자. 그리고 외부에서 침입한 병원성 미생물에 맞서 싸우기 위한 사람의 면역 기능은 어떻게 발휘되는지를 공부해 보자.

이를 통해 이 책을 읽는 우리 친구들이 의학에 관심을 가지고 질병 없는 세상을 만드는 일에 앞장서 주기를 기대할게.

예병일

| 차례 |

3장 백신이 뭐예요?

4장 다양한 종류의 백신

5장 쉽기도 하고 어렵기도 한 백신 개발

감염병?
왜 생기는
거지?

1장
인류를 위협하는 감염병

미생물이 감염병을 일으켜

혹시 지구의 나이가 몇 살인지 아니? 무려 46억 살이야. 46억 년 전에 지구가 생겨났대.

그럼 우리 인간은 언제부터 지구에서 살기 시작했을까? 지구가 처음 생겼을 때부터일까? 그렇지 않아. 만약 지구의 역사를 하루라고 가정하면, 그중 우리 인간이 활동을 시작한 건 불과 1분도 안 돼. 정말 짧은 시간이지?

그렇다면 지구에 가장 먼저 살기 시작한 생물은 무엇일까? 이미 멸종해 버린 공룡일까? 아니면 몇천 년을 산다는 바다거북? 아니면 하늘 끝까지 닿을 것처럼 거대한 나무?

정답은, 우리 눈에 보이지도 않을 만큼 작은 원핵생물이야. 세포 하나로 이루어진 원핵생물이 지구상에 나타난 최초의 생명체야. 지구가 생기고 나서 10억 년 뒤에 생겨났지.

세포가 뭐냐고? 바로 생물체를 이루는 기본 단위야. 우리 몸은 무려 수십 조 개의 세포로 이루어져 있어.

세포가 하나인 단세포 생물은 워낙 크기가 작아서 맨눈으로는 볼 수 없고, 현미경으로 확대를 해야 겨우 보일 정도야. 크기가 가장 큰 종류인 원생생물로부터 크기가 작은 순서로 곰팡이, 세균, 리케차, 바이러스 등이 있지. 원생생물을 제외하고 크기가 작은 생물체라는 뜻으로 미생물이라고도 해. 이 중 바이러스는 생물과 무생물의 중간으로 분류되기는 하지만 말이야.

미생물은 자신들이 살기 좋은 곳을 찾아다니는데 그러다가 영양을 공급받을 숙주 세포 즉, 사람을 포함한 동물이나 식물 속에 들어가기도 해. 이걸 '감염'이라고 해. 보통은 아무 일 없이 공존할 수 있지만 때로는 해를 일으키는 경우도 있어. 바로 감염병을 일으키는 거지. 사람에게 병을 일으키는 미생물이 사람의 몸에 침입하여 병을 일으키는 게 감염병이야.

과거, 사람에게 매우 치명적인 감염병을 일으킨 미생물에는 여러 가지가 있어.

2세기 로마 시대의 두창(천연두), 19세기의 콜레라, 1918년에 등장한 독감 등은 매우 치명적이어서 수많은 이들의 목숨을 앗아갔어. 하지만 다음에 또 나타났을 때는 그 전과 비교하여 감염된 사람들의 증상이 약해졌지.

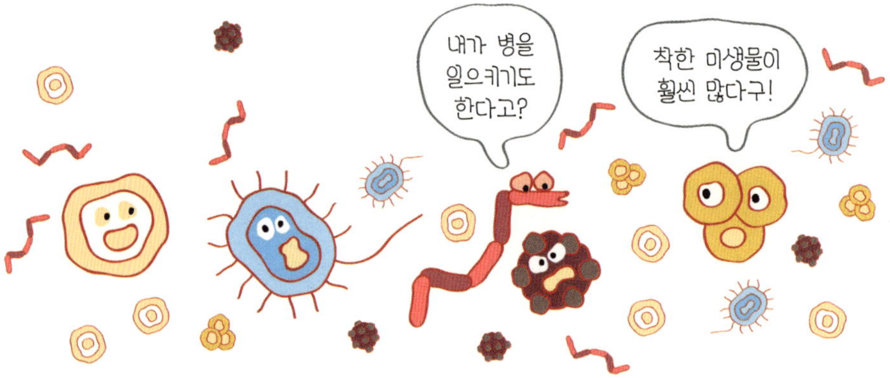

이는 사람에게 병을 일으키는 미생물이 덜 치명적인 방향으로 변했음을 의미해. 그래야 미생물도 생존이 쉬워지거든. 미생물의 입장에서는 사람에게 심각한 질병을 일으켜서 사람이 죽으면 자신도 번식이 어려워지니 치명적인 병을 일으키는 것은 자신에게도 나쁜 일이잖아.

미생물은 대부분 병을 일으키지 않고, 사람 몸속에도 많이 존재하고 있어. 하지만 워낙 종류가 많다 보니 아주 일부만 병을 일으킴에도 불구하고 감염병의 종류가 아주 많은 것처럼 느껴져. 물론 미생물은 계속해서 변이를 일으키기도 하고, 새로운 종류가 발견되기도 하기 때문에 종류가 점점 많아지고 있기는 해. 그러다 보니 감염병을 일으키는 종류도 점점 많이 발견되고 말이야.

그러나 1918년에 아주 치명적이었던 스페인 독감이 2009년에 다시 나타났을 때는 그리 치명적이지 않았던 것처럼, 치명적인 병을 일으키는 미생물도 시간이 지나면서 서서히 덜 치명적인 것으로 바뀌곤 해. 그러니 항상 새로운 감염병 발생과 감염병 특성의 변화에 신경을 쓰고 피해를 줄일 수 있는 대비책을 가지고 있어야 해.

왜 자꾸 새로운 감염병이 나타나는 거야?

2019년 12월 31일, 중국 정부는 우한 지역에 새로운 감염병이 나타났다는 발표를 했어. 이 병은 코로나바이러스가 사람에게 감염되어 발생하기 때문에 코로나바이러스 감염증-19, 줄여서 코로나19라 이름 붙었지. 2020년 1월 20일에는 우리나라에서도 첫 환자가 발생했어.

코로나19를 예방하기 위해 사람들은 외출을 자제했고, 개학도 2주간 늦춰졌어. 그 후로도 일부 학생만 학교에 가고 나머지는 집에서 공부를 하는 일이 반복되었지. 외출할 때 모두가 마스크를 쓰는 등 예방을 위해 많은 노력을 기울였음에도 불구하고 코로나19는 점점 더 기세를 더해 갔어.

약 1년이 지날 때쯤 코로나19를 예방하는 백신이 나오기는 했지만 그 기세는 2년째에도 줄지 않았어. 그러나 백신이 코로나19를 완벽히 예방하지는 못해도 증상을 약화시키는 효과가 있어서 중환자 발생을 줄이는 데 큰 도움이 되었지. 그래서 환자 수가 줄지는 않았지만 코로나19에 대한 공포심은 서서히 줄었고, 3년째가 되자 환자 발생도 줄어들면서 일상을 되찾기 시작했어.

그런데 왜 이 세상에 없던 감염병이 새로 나타난 걸까?

감염병을 일으키는 미생물 중에서 가장 대표적인 것이 세균과 바이러스야. 세균은 스스로 번식이 가능해서, 영양소만 공급되면 어디에서든 생존하면서 활동 범위를 넓혀 왔어. 인류는 지구상에 존재한 이후 계속해서 세균과 접촉을 해 왔지. 때문에 현대에 와서 새로운 감염병을 일으키는 세균을 만나는 경우는 흔하지 않아.

그러나 바이러스는 숙주 세포가 없으면 스스로 증식을 못 하기 때문에 세균과 비교하면 분포 범위가 좁아. 때문에 사람이 새로운 바이러스를 만날 기회가 많지 않았어.

그래서 최근에 새로 발견되는 감염병은 세균에 의한 경우는 드물고 주로 바이러스에 의해 발생해. 사람이 접촉한 적 없는 바이러스가 처음으로 사람에게 감염되면서 병을 일으키는 경우가 대부분이지.

그렇다면 왜 지금까지 한 번도 만나지 못한 바이러스가 최근에 와서야 사람에게 감염되기 시작한 걸까?

사실 바이러스는 종류가 아주 많고, 어쩌면 지금까지 인류가 만난 것보다 만나 보지 못한 바이러스가 훨씬 더 많을 수도 있어. 17세기에 현미경으로 처음 관찰한 세균은 19세기에 감염병의 원인이라는 사실이 알려졌지만, 세균보다 크기가 작은 바이러스를 볼 수 있는 현미경은 1930년대에 처음 개발되었거든. 또 세균보다 배양이 어려워서 바이러스에 대한 지식을 쌓는 일이

쉽지 않았고, 그건 지금도 마찬가지야. 배양을 해서 수를 늘려야 그걸 이용하여 연구를 할 수 있는데 바이러스는 세균보다 배양이 어렵거든.

사람에게서 발생하는 감염병의 원인이 되는 세균이나 바이러스는 대부분 사람과 동물을 오가면서 감염을 시킬 수가 있어. 질병 증상을 일으키는지의 여부는 숙주와 바이러스의 종류에 따라 다르지만 말이야.

사람에게서 처음 발견되는 감염병은 수시로 등장하고 있어. 코로나바이러스의 경우, 1930년대에 처음 발견된 이후 지금까지 40가지가 넘는 종류가 발견되었지. 그중 사람의 몸에서 발견된 것은 모두 일곱 가지야. 나머지는 사람의 몸에 감염되지 않는다는 뜻이 아니라 사람의 몸에 감염되더라도 아무 증상이 나타나지 않아서 의학자들이 관심이 없어 찾지 못했을 가능성도 있지.

새로운 바이러스에 의한 감염병이 자꾸 나타나는 것은 사람의 행동 반경이 넓어져서 그동안 마주치지 못한 바이러스를 만날 기회가 늘어났기 때문이야. 밀림을 개발하고, 동굴을 탐험하고, 댐을 건설하면서 동물의 서식지를 파괴하면 사람과 떨어져서 살던 동물이 사람과 마주칠 가능성이 높아지잖아. 그럼 그 동물로부터 새로운 바이러스가 사람에게 옮겨 올 가능성도 높아져. 메르스가 낙타로부터 옮겨 왔고, 코로나19보다 빨리 발견된 에볼라바이러스 감염증이 박쥐로부터 옮겨 온 걸 생각해 봐.

사람과 동물이 따로 떨어져 살면 동물이 가진 바이러스가 사람에게 옮겨 오지 않겠지만 사람들이 자꾸만 지구 곳곳을 탐험하고, 동물이 살고 있는 곳을 파괴하다 보니 동물로부터 새로운 감염병이 전파되는 거야.

가축을 키우는 방법이 바뀐 것도 새로운 감염병 발생의 원인이

야. 과거에는 닭고기를 먹으려면 닭을 마당에서 키웠지만 지금은 공장처럼 생긴 축사에 닭을 대량으로 집어넣어 꼼짝 못 하게 하고 키우는 방법을 주로 사용하고 있어. 이유는 생산비를 줄이고, 운동을 통제하여 살에 지방이 많아지게 함으로써 연한 고기를 얻기 위해서야.

그러다 보니 닭이나 오리에게서 흔히 발생하는 조류 독감이나 돼지에게서 발생하는 아프리카 돼지 열병이 사람에게 전파될 가능성도 증가하게 돼. 그래서 한번 감염병이 유행했다 하면 대량

으로 가축을 살처분하는 일이 벌어지고 있지.

의학이 발전하면서 진단 기술이 발전하여 과거보다 감염병을 잘 찾아내는 것도 새로운 전염병이 많이 나타나는 것처럼 생각하게 되는 이유야. 또 교통이 발달하다 보니 과거에는 한곳에만 머물러 있던 감염병이 이제는 쉽게 지구촌 곳곳으로 퍼질 수 있게 됨으로써 다른 나라의 감염병에도 관심을 가져야 하게 되었지. 통신도 발달하여 남의 나라 소식을 실시간으로 들을 수 있게 되었으니 감염병이 증가했다는 생각을 가지게 되기도 해.

지구 온난화에 따른 기후 위기는 따뜻한 날씨에 잘 적응하는 모기의 분포 지역을 넓게 함으로써 모기가 매개하는 말라리아, 뎅기열, 일본 뇌염, 지카 바이러스 감염증, 웨스트나일 바이러스 감염증, 말레이사상충증 등 수많은 감염병이 다른 나라에 새로

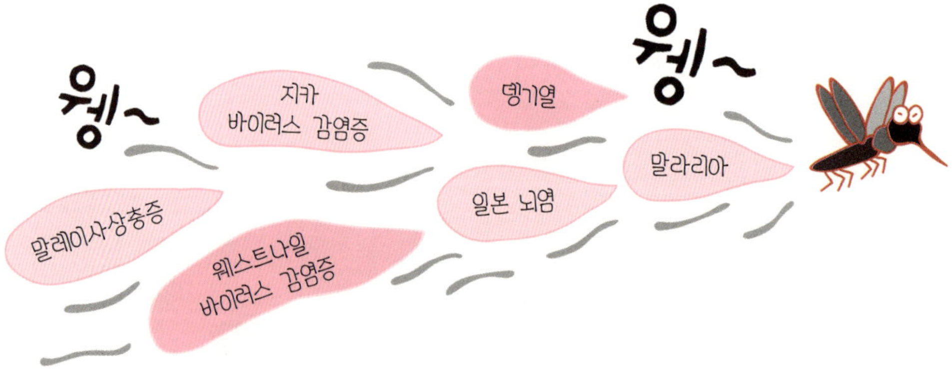

전파될 가능성을 높여 줘.

감염병을 일으키는 세균이나 바이러스는 언제든 돌연변이를 일으킬 수 있기 때문에 새로운 돌연변이가 많이 발생할수록 사람에게 병을 일으키는 새로운 종이 등장할 가능성도 높아져.

감염병을 해결하려는 노력

앞에서 새로운 감염병이 자꾸 나타나고 있다고 했지만 인류가 처음 지구상에 태어났을 때부터 지금까지 계속해서 인류를 괴롭히는 감염병도 있어. 지금도 세계적으로 많은 환자를 발생시키는 말라리아와 결핵이 그런 감염병이고, 지금은 지구상에서 사라졌지만 두창도 유사 이래 인류와 함께 존재해 온 감염병이지.

선사 시대에는 기록이 충분치 못하여 남아 있는 유적을 보고 판단할 수밖에 없지만, 역사에 기록된 내용을 보더라도 매독, 한센병, 발진티푸스, 페스트 등 수많은 감염병이 역사에서 수시로 인류를 위협했어. 인류는 감염병 해결을 위해 나름대로 노력을 했고 말이야.

인류가 감염병 해결을 위해 오래 전부터 선택한 방법의 하나는, 사람의 힘으로 문제를 해결할 수 없으니 신의 도움을 받기 위해 기도를 하는 것이었어. 고대 그리스에서는 신을 모신 신전을 짓곤 했는데 질병을 해결하기 위해 의술의 신 아스클레피오스 신전에 가서 기도를 올리는 것은 흔한 일이었지.

다음으로 흔히 쓴 방법은 환자를 격리키는 것이었어. 13세기에

유럽에서 한센병이 유행하자 환자를 마을에서 쫓아냈고, 쫓겨난 이들은 자기들끼리 집단을 이루고 살았지. 우리나라에도 한센병 환자가 오래 전부터 있었는데, 일제 강점기에는 소록도를 비롯하여 우리나라 곳곳에 한센병 환자 수용 시설을 마련한 후 일반인들로부터 격리시키는 정책을 폈어.

14세기에 페스트가 유행할 때는 페스트가 유행한 지역에서 온 배를 항구에 정박하지 못하게 한 상태로 40일간 바다 위에 떠 있게 했어. 그리고 환자가 발생하는지를 확인한 후에 환자가 발생하지 않아야 항구로 들어오는 것을 허락했지. 이것도 격리의 한 방법이야.

14세기에 페스트가 유럽에서 크게 유행한 다음 쇠퇴하기는 했지만 수백 년간 수시로 환자가 발생하곤 하여 유럽인들을 공포에 떨게 했어. 지금은 한센병이나 페스트 모두 어렵지 않게 치료할 수 있는 감염병이 되었지만, 19세기가 끝날 때까지는 두 감염병에 대해 어떤 대책도 가지지 못했지. 그러다 보니 17세기 말에 한동안 페스트가 유행하지 않자 오스트리아 빈, 체코 프라하 등 합스부르크 왕가가 통치하던 지역에서는 페스트가 물러갔음을 기념하는 탑을 세우기도 했어. 하지만 감염병은 한동안 잠잠하다가도 언제든 다시 유행할 수 있으니 물러갔음을 기념한다기보다는 물러가기를 희망하는 탑이라고 해야 옳은 표현이야.

13세기 한센병, 14세기 페스트와 함께 19세기 콜레라가 유럽에 유행할 때, 환자들을 만나야 하는 사람은 특수한 복장을 하곤 했어. 약간 우스꽝스럽기도 하고, 액세서리가 많아서 특이하게 보이기도 하는 이 복장은 당시 사람들이 최선을 다해 준비한 거였지만 실제로 감염병 해결에는 거의 도움이 되지 않았어.

의학 지식이 부족했던 옛날 사람들은 기도, 격리, 소망을 담은 탑 설치, 복장 등 다양한 방법으로 감염병 해결을 위해 노력했지만 18세기가 끝나갈 무렵까지 효

과는 별로 없었어. 그때까지 약으로 사용한 물질이 없었던 것은 아니지만, 말라리아 치료에 효과를 지닌 키니네와 수은 등 부작용이 심한 약을 제외하면 효과가 좋은 약도 거의 없었어.

감염병 해결의 첫 모범 사례는 1796년에 영국 의사 에드워드 제너가 두창을 예방할 수 있는 종두법을 발견한 것이야. 그 후로 다양한 종류의 백신을 개발하게 하는 원동력이 되었지.(백신에 대한 이야기는 뒷장에서 할게.)

한편 독일의 파울 에를리히는 1910년에 매독을 치료할 수 있는 약을 합성함으로써 인류의 힘으로 감염병 치료제를 개발할 수 있음을 보여 주었어. 이때부터 지금까지 100년이 넘는 기간 동안 인류는 화학적으로 합성하여 얻은 물질로 감염병을 비롯한 다양한 질병을 치료할 수 있게 되었어.

또 영국의 알렉산더 플레밍은 1928년에 곰팡이에 세균 감염을 치료할 수 있는 물질이 들어 있음을 알아냈어. 바로 페니실린이라는 물질인데, 플레밍의 기대와 달리 효과가 크지 않아서 플레밍은 새로운 치료제로 사용하지 않았지. 그러나 그의 뒤를 이은 하워드 플로리와 보리스 체인은 페니실린을 여러 종류의 감염병

내가 1796년에 두창을 예방하는 종두법을 발견했지.
바이러스와의 전쟁에서 꼭 이기겠어!
나는 1910년에 매독을 치료할 수 있는 약을 합성했어.
에드워드 제너
나는 1928년에 페니실린을 발견했어.
체인과 나는 페니실린을 여러 감염병 치료에 사용했어.
파울 에를리히
곰팡이들이 한 가지 항생제만 가지고 있을 리 없어!
알렉산더 플레밍
하워드 플로리
보리스 체인
셀먼 왁스먼

치료에 사용할 수 있다는 걸 보여 주었어. 새로운 화학 물질을 합성하지 않아도 곰팡이에서 감염병 치료제를 찾을 수 있음을 알게 된 거야.

이 소식을 들은 미국의 셀먼 왁스먼은 '이 세상에 곰팡이 종류가 얼마나 많은데 그 많은 곰팡이들이 한 가지 항생제만 가지고 있을 리 없어.'라는 생각을 했어. 그는 자신이 연구하고 있던 수많은 곰팡이로부터 세균 감염을 해결할 수 있는 물질을 찾아내려 했고, 스트렙토마이신과 액티노마이신 등 수많은 항생제를 발견했지.

21세기에 접어든 지금은 세균 감염을 치료하는 약은 물론이고 바이러스 감염을 치료하는 다양한 약이 개발되어 감염병 치료를 도와 주고 있어. 하지만 초기에는 코로나19를 일으키는 바이러스를 사멸시킬 적당한 약이 없었던 것에서 알 수 있듯이, 모든 감염병을 약으로 치료할 수 있는 것은 아니야. 게다가 새로운 감염병이 자꾸 나타나는 걸 보면, 사람과 미생물이 누가 이기는지 끝없는 전쟁을 계속 하고 있다고 생각할 수도 있어.

면역력은
내가 최고!
나도
튼튼해!

2장
감염병으로부터 인류를 지키는 면역

침입자로부터 우리 몸을 지켜라

우리 몸 바깥에서는 먼지, 빗방울, 꽃가루 등 셀 수 없을 만큼 많은 것들이 호시탐탐 몸 안으로 들어오려고 틈을 노리고 있어. 물론 우리가 먹는 음식 또한 몸 밖에서 안으로 들어오는 것이고 말이야.

앞서 얘기한 미생물 기억하니? 맨눈으로 볼 수 없을 정도로 작은 미생물도 우리 주변 여기저기에 널려 있는데, 이것들 또한 언제 우리 몸 안으로 들어올지 몰라. 물론 누룩곰팡이나 유산균처럼 대부분의 미생물은 몸에 해롭지 않고, 우리 몸에 도움이 되는 것도 많아. 그러나 감염되면 병을 일으키는 것들도 많이 있어. 14세기의 페스트나 19세기의 콜레라처럼 인류 역사에서 전 세계적으로 유행하면서 엄청난 사람들의 목숨을 앗아 간 감염병이 바로 이런 미생물들이 일으킨 거야.

인류가 감염병을 일부라도 치료할 수 있게 된 것은 20세기에 들어와서부터야. 그 전에는 적당한 약이 없었기 때문에 감염병이 유행하면 피해서 도망가거나 저절로 사라지기를 기다리는 수

밖에 없었어.

그런데 감염병이 전 세계적으로 대 유행한 경우에도 인류가 반 이상 세상을 떠난 일은 없어. 그건 우리 몸이 감염병을 해결할 수 있는 능력을 가지고 있었기 때문이야. 바로 면역력 말이야.

몸 밖에서 들어온 침입자에 맞서 싸울 수 있는 능력을 '면역력'이라 하고, 맞서 싸우는 현상을 '면역'이라 해. 면역이란 몸에 해로운 미생물이 외부에서 침입했을 때 몸에서 일어나는 해를 막는 과정이기도 하고, 암처럼 몸에 해로운 병이 생겨나는 경우에 인체가 스스로 방어를 하는 과정이기도 해. 우리 몸이 스스로 이상을 치유할 수 있다는 사실은 인체의 오묘함을 보여 주는 예라 할 수 있지.

그럼 우리가 가진 면역력은 우리

몸 어디에 있을까? 바로 핏속에 들어 있는 백혈구가 열쇠야.

백혈구는 보통 균을 잡아먹는 일을 하는데, 이것을 '식균 작용'이라고 해. 쉽게 이야기하면 미생물을 포함하여 바깥에서 들어온 필요 없는 물질을 잡아먹음으로써 몸속에서 해를 일으키지 못하게 하는 기능이야.

백혈구가 일을 잘하면 감염병에 걸리지 않을 수도 있지만, 갑자기 많은 수의 미생물이 침입하면 백혈구가 잡아먹는 속도보다 미생물이 증식하는 속도가 빨라서 면역 기능을 충분히 발휘할 수가 없어. 그럼 병이 생기는 거야.

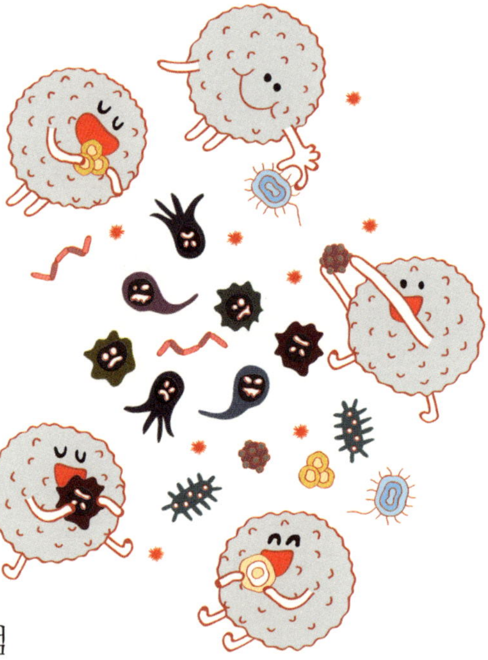

사람이 감당할 수 있는 능력보다 더 강력한 미생물이 침입하는 경우, 목숨을 걸고 면역력과 미생물이 큰 싸움을 하게 돼. 이때 체온이 올라가고, 싸움이 벌어진 곳에서 염증 반응이 일어나기도 하지. 하지만 병이 진행되는 동안 우리 몸도 면역 기능을 점

점 더 크게 발휘하게 되기 때문에 일단 병이 생기더라도 낫는 경우가 대부분이야. 우리가 먹는 약과 음식 중에는 면역 기능을 더 잘 발휘할 수 있게 도와 주는 것도 있어.

백혈구는 종류가 아주 많은데, 면역 기능을 더 잘 발휘하기 위해서야. 미생물은 종류도 많고, 특성도 모두 다른 데다 변이도 잘 생기거든. 아무리 백혈구가 일을 잘한다 해도 새로운 미생물이 사람을 괴롭힐 가능성이 항상 존재하는 거지. 그래서 백혈구도 시간이 흐르면서 면역 기능을 다양한 방법으로 발휘할 수 있도록 여러 종류로 발전해 온 거야.

면역에도 종류가 있다고?

피부에 상처가 나서 그 부위로 먼지나 세균이 들어왔다고 생각해 봐. 그것들이 그 자리에 머물러 있지 않고 돌아다니기 위해서는 핏속으로 들어가야 해. 그런데 핏속에 백혈구가 있다고 했잖아? 항상 우리 몸속을 돌아다니면서 침입자들과 맞서 싸울 생각을 하고 있던 백혈구가 얼른 달려가서 세균을 퇴치해 버리면 아무 일도 생기지 않을 거야.

죽어 가는 세균이 사람의 몸에 해로운 물질을 내보내는 경우도 있지만 이로 인한 피해는 보통 크지 않아. 백혈구에 의해 퇴치되지 않고 세균이 사람의 몸속에서 계속 자라서 숫자가 늘어나면 세균이 직접 우리 몸에 물리적으로 자극을 주거나 몸에 해가 되는 독소를 방출하여 병이 생기는 것이 문제지.

침입한 물질이나 미생물이 어떤 것인지 구별하지 않고 백혈구가 잡아먹거나 싸워서 박살 내는 면역을 '세포성 면역'이라 해.

세포성 면역을 발견한 사람은 우리나라에서 요구르트 이름으로 더 유명한 일리야 메치니코프야.

메치니코프는 말미잘이 작은 생물을 잡아먹는 걸 관찰하고는 더 깊이 있는 연구를 진행하여 사람의 백혈구가 침입자를 잡아먹으면서 면역력을 발휘한다는 걸 알아냈어. 세포성 면역을 발견한 공로로 1908년 노벨 생리 의학상 수상자로 선정되었지.

그런데 왜 쌩뚱맞게 요구르트 이름이 되었냐고? 그건 장수에 많은 관심을 가진 메치니코프가 노벨상을 탄 후 장수하는 사람들이 많은 불가리아의 마을에 갔다가 요구르트를 많이 먹는 걸 발견하고 자기도 많이 먹었기 때문이야.

세포성 면역은 아주 작은 물질을 잡아먹는 일을 하지만 크기가 아주 큰 세균이나 고분자 화학 물질이 침입하면 너무 커서 잡아먹을 수가 없어.

그러면 백혈구에서 이와 맞서 싸울 물질을 합성하게 되는데 이 물질을 '항체'라고 해. 항체를 만들라고 자극을 주는 물질을 '항원'이라 하고. 즉, 면역 반응을 일으키는 항원이 몸에 들어오면

항체를 만들어서 맞서 싸우게 되는 거야.

세포성 면역이 미생물의 침입으로부터 우리 몸을 완벽하게 보호할 수 있다면 더 이상의 면역은 필요 없을 거야. 그렇지만 세포성 면역이 그렇게 좋다면 미생물도 진화하여 또 다른 방법으로 사람 몸속에서 생존하려 하겠지? 그러면 우리 몸 역시 그에 대항할 다른 방법을 찾게 돼. 어떤 방법이냐고? 바로 항체를 합성하여 미생물에 대항하는 거야.

미생물은 종류가 아주 많기도 하고 유전자 변이에 의해 새로운 종이 생겨나기도 하는데, 각각의 미생물이 우리 몸에 침입했을 때 미치는 영향에는 차이가 많아. 그래서 일정한 방법으로 대응하는 세포성 면역으로는 충분하지 못할 때가 있지. 그럴 때를 대비해 우리 몸은 각각의 미생물이 꼼짝 못 하게 항원으로 인식하고 반응할 수 있는 항체

를 만들어서 대응하게 돼. 이걸 '항체 매개성 면역'이라고 해.

음식은 우리 몸 밖에서 들어오는 물질이지만 아무 해가 없어. 입으로 음식을 먹지 못해 혈관에 주삿바늘을 꽂아서 영양소를 넣어 주는 경우에도 아무 문제가 없어. 그러므로 면역 반응을 일으키는 항원으로 인식하지도 않고, 이에 맞서 싸울 항체를 만들지도 않지.

그러나 병을 일으키는 미생물이 우리 몸에 침입하면 우선은 반응이 빠른 세포성 면역이 일어나. 그리고 이 미생물을 항원으로 인식하여 이에 맞서 싸울 물질인 항체를 만드는 반응도 함께 일어나지.

항체 만드는 일을 담당하는 세포도 백혈구의 한 종류야. 항체는 백혈구에 속하는 T세포의 도움을 받아 B세포가 생산하는데, 많이 만들어지려면 미생물을 항원으로 인식한 후 며칠이 지나야 되기 때문에 세포성 면역보다는 반응이 늦은 편이야.

코로나19가 한창 심각하던 2020년에, 방역당국은 코로나19에 걸렸다가 나은 사람들에게 적극적으로 헌혈해 달라고 부탁했어. 완치자들의 핏속에 있는 코로나19 항체를 이용하여 환자를 치료하기 위해서였지. 이미 병에 걸렸다 나은 사람들은 그 병에 맞서 싸운 항체를 가지고 있거든. 이를 분리하여 심각한 상태의 환자 몸속에 넣어 주면 항체 매개성 면역이 빨리 일어나서 병의 진행을 막으므로 치료에 도움을 주게 되지.

약을 사용하지 않아도 우리 몸이 가진 고유의 능력인 면역력으로 병을 퇴치할 수 있으면 아주 좋겠지? 이를 위해서는 평소에 건강을 잘 관리해야 해. 규칙적인 생활, 적당한 운동, 몸에 좋은 음식을 일정한 간격으로 적당하게 섭취하는 일 등이 건강 유지의 지름길이야.

아즈텍 문명, 면역이 약해서 멸망했다고?

면역력이 약하면 개인만 무너지는 게 아니야. 발달한 문명도 멸망할 수 있어. 무슨 소리냐고? 바로 멕시코에서 번성했지만 지금은 사라져 버린 아즈텍 문명에 대한 이야기야.

1519년에 스페인의 코르테스는 550명의 병사를 이끌고 아즈텍 문명이 번성하고 있던 지역(오늘날의 멕시코)으로 쳐들어갔어. 하지만 1차 전투에서 아즈텍인들에게 패하고 말았지.

그런데 1차 전투 직후에 아즈텍인들에게 두창이 유행하기 시작했고, 아즈텍 군대의 전투력은 크게 떨어졌어.

2차 전투에서 코르테스의 군대는 싸우지도 않고 도망가기만 하는 아즈텍인들에게 승리를 거둘 수 있었어. 두창은 불과 한두 달 만에 나라 곳곳으로 퍼져 나갔고, 결국 아즈텍 문명은 역사 속으로 사라져 버리고 말았지.

그런데 아즈텍 문명을 멸망시킨 두창은 어디에서 왔을까? 바로 스페인 군대야.

두창은 당시 아시아, 유럽, 아프리카에서 드물지 않은 감염병이었어. 그래서 스페인 병사들은 자신도 모르는 사이에 면역력을 가지고 있었지. 반면 아메리카 대륙은 두창이 발생한 적이 없기 때문에 아즈텍인들은 두창에 대한 면역력이 전혀 없었어. 그런데 스페인 군대가 아즈텍인들에게 두창이 전파한 거야. 면역력이 없는 아즈텍인들의 피해가 클 수밖에 없었겠지?

아즈텍 문명이 멸망한 후에도 두창은 아메리카 대륙 곳곳으로 퍼져 나가면서 면역력이 없었던 아메리카 원주민들의 목숨을 마구 앗아 갔어. 페루 지역에서 번성했던 잉카 문명이 스페인 군대에게 멸망한 것도 두창의 유행이 중요한 이유가 되었지.

같은 감염병이 유행했음에도 불구하고 유럽에서 온 병사들보다 아메리카 원주민들이 일방적으로 큰 피해를 입은 것은 면역력의 차이로 설명할 수 있

어. 감염병 해결에 면역력이 얼마나 중요한지 이해할 수 있겠지?

면역은 지구를 구할 수도 있어. 소설 속 이야기지만 말이야.

조지 웰스가 쓴 《우주 전쟁》은 두 번이나 영화로 만들어질 정도로 유명한 소설이야. 이 소설은 지구에 침공한 화성인들이 지구인들을 무차별 공격한다는 내용이야. 지구인들은 속수무책으로 당하면서 죽어 갔지. 지구를 점령당할 위기에까지 몰렸고 말이야.

하지만 화성인들의 야망은 이루어지지 않아. 지구인들이 용감하게 싸워서 물리쳤냐고? 아니야. 화성인들을 물리친 건 지구인들이 아니라 바로 지구에 존재하는 미생물이었어. 지구인들은

어라?
화성인들이 갑자기 죽네?

오랜 세월 지구 환경에 적응하며 살았기 때문에 괜찮았지만 화성인들은 지구의 미생물들을 처음 접했기 때문에 전혀 면역력이 없었거든. 그래서 그것들에 감염되어 무기력하게 죽어 간 거야.

허무맹랑한 이야기라고? 하지만 이건 생태계에서 흔히 벌어지는 일이야. 코로나19 바이러스 때문에 전 세계가 공포에 떨었던 걸 생각해 봐. 언제, 어떤 변종에 의해 미생물이 다른 생물체에게 피해를 입히게 될지 모르는 거야.

이처럼 면역은 우리가 모르는 사이에 우리를 지켜 주는 소중한 기능이라는 것을 잊지 마.

인공적으로 면역 기능을 높이려면

만약 예전에 풀어 본 적이 있는 수학 문제를 다시 풀게 되면 어떨까? 예전에 풀었던 걸 기억하고 있으니 아마 처음 풀 때보다 훨씬 빠르게 풀 수 있을 거야.

사람 몸도 마찬가지야. 한번 걸렸던 병은 우리 몸이 기억을 하고 있다가 다음에 또 걸리게 되면 더 빠르게 잘 대처해. 이를 '면역학적 기억'이라고 하지.

이런 면역 기능을 활용하여 감염병에 더 잘 대처할 수는 없을까?

우리 몸은 외부에서 침입하는 나쁜 물질(항원)에 맞서 싸우기 위해 항체를 만든다고 했잖아. 학자들이 항원을 이용하여 실험을 했어. 토끼에게 항원 역할을 하는 물질을 넣자 2, 3일 지나면서부터 핏속에 어떤 단백질이 증가하기 시작했어. 2주 정도 지났을 때 이 단백질의 양은 최고에 이르렀다가 시간이 지날수록 서서히 줄어들었지.

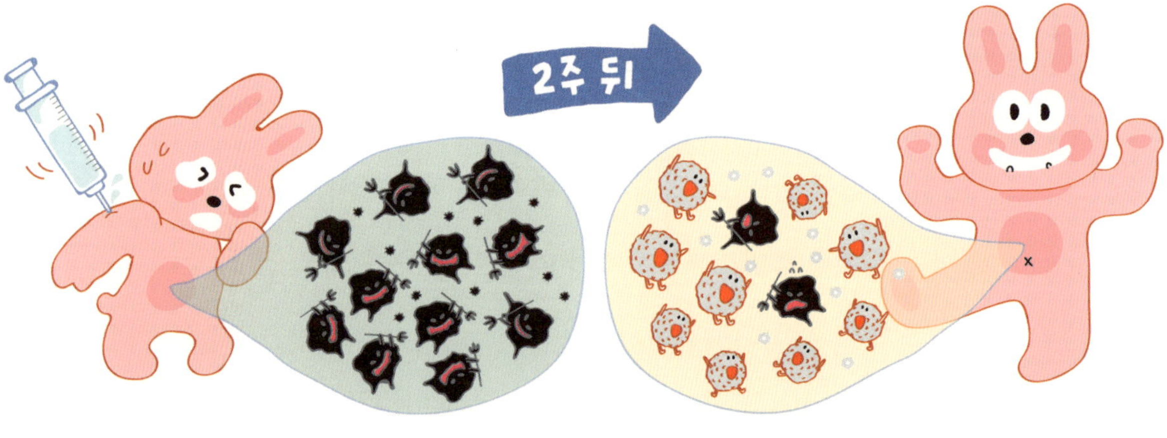

흥미로운 점은, 같은 항원 물질을 다시 넣어 주자 핏속에 나타나는 단백질량이 더 빠르게, 더 많이 증가했다는 거야. 이 단백질이 바로 항체야. 항체는 항원에 노출되었을 때 핏속에 들어 있는 B세포에서 만들어지는 단백질의 한 종류야. 항체가 항원에 맞서 싸우는 역할을 한다는 건 앞에서 계속 이야기했지?

만약에 감염병을 일으키는 미생물이 우리 몸속에 침입했다고 가정해 보자. 미생물의 침입을 감지한 우리 몸이 이 미생물은 몸에 해로우니 퇴치해야겠다고 생각한 순간 우리의 면역 계통, 특히 세포성 면역을 자극하여 백혈구를 보내 잡아먹게 해. 이와 함께 B세포가 항체를 만들어 항원에 대항하여 싸울 수 있도록 항체 매개성 면역도 자극하여 B세포로 신호를 전달하지. B세포는 침입한 미생물의 종류에 따라 그 미생물에 결합하여 꼼짝 못 하게 하는 항체를 만들어 내. 그 항체가 핏속에 나타나기 시작하는 것이 2, 3일 지난 후이고, 가장 많이 나타날 때가 2주 정도 지난 후라는 거야. 이게 일반적인 사람의 면역 반응이지.

그런데 이 면역 반응이 더 잘 일어나게 할 수는 없을까? 물론 있어. 바로 백신이 그런 역할을 해.

백신
맞았어!
백신은
어떤 일을
하는데?

3장
백신이 뭐예요?

항체를 빨리 만들게 도와줘

혹시 지금까지 어떤 백신을 맞아 봤니? 예방 접종 말이야. 우리가 흔히 말하는 예방 접종이 바로 백신을 맞는 걸 말하거든.

이 책을 읽는 친구들 중에 아마 '난 지금까지 한 번도 백신을 맞은 적이 없는데?'라고 생각하는 사람도 있을 거야. 하지만 너무 어릴 적에 맞아서 기억을 못 하는 것일 수도 있어.

우리나라는 아기가 태어나면 1개월 이내에 결핵 백신을 맞는 것을 시작으로, 만 12세가 될 때까지 표준 예방 접종 일정표에 따라 결핵, 홍역, 수두를 포함한 열일곱 가지 감염병을 예방하는 백신을 맞도록 나라에서 비용을 지원하고 있거든. 그러니 그중 하나도 안 맞은 사람은 드물 거야.

왜 나라에서 백신 비용을 지원해 주냐고? 그야 물론 감염병으로부터 어린이를 보호하고 감염병이 유행하는 걸 막기 위해서지.

우리 몸속으로 해로운 세균이나 바이러스가 들어오면 우리 몸은 이를 항원으로 인식하여 이에 맞서 싸울 수 있는 항체를 합성한다고 했지? 항체가 합성되면 항원에 달라붙어서 항원이 기능을 못 하게 할 수 있어. 항체가 아주 빨리, 많이 합성되면 항원에 맞서 싸우기가 쉽지만 그렇지 못하면 항원이 우리 몸을 공격하여 감염병을 일으킬 수가 있어.

그래서 만들어진 것이 백신이야. 백신의 원리는 사람에게 위험할 수 있는 항원에 대한 경험을 미리 하게 하는 거거든. 무슨 말이냐고? 한번 걸렸던 병은 우리 몸이 기억을 하고 있다가 다음에 또 걸리게 되면 더 빠르게 잘 대처한다고 했잖아. 백신이 우리 몸에 들어가면 항원 역할을 하거든. 그러면 나중에 진짜로 미생물 병원체(병을 일으키는 원인이 되는 미생물)가 침입했을 때 더 빨리, 더 많이 항체를 만들어서 맞서 싸울 수 있게 돼.

백신을 접종하면 백혈구는 항체를 합성하여 핏속에 쏟아 놓게 돼. 2, 3주 정도 지나면 항체의 양이 가장 많아졌다가 서서히 줄어들지. 그랬다가 다시 항원에

노출되면 처음보다 항체를 더 빨리, 더 많이 만들게 돼.

예를 들어 코로나19 백신은 우리 몸속에 들어가서 코로나19 감염병을 일으키는 항원을 우리 몸이 미리 경험하게 해. 우리 몸은 그 경험을 기억하고 있다가 실제 코로나19 바이러스(항원)가 들어오면 더 빨리, 더 많이 항체를 만들게 되는 거야. 그러면 코로나19가 발생하는 것을 막을 수 있지.

이렇게 만들어진 항체가 맞서 싸울 항원이 없으면 핏속에 계속 남아 있을 필요도 없겠지? 그러면 핏속에서 서서히 줄어들어서 시간이 많이 지나면 검출되지 않는 경우도 있어. 음식을 먹을 때는 소화를 돕는 소화 효소가 분비되다가 소화가 끝나면 더 이상 분비되지 않는 것과 같은 원리야.

하지만 핏속에 항체가 없어도 항체를 합성하는 능력을 기억할 수 있거든. 그래서 다음에 항원에 노출되면 더 빨리, 더 많이 항체를 합성할 수 있어. 백신이 항원처럼 면역 기능을 자극함으로써 실제로 항원 역할을 하는 미생물이 침입했을 때 항체를 더 잘 만들게 하는 것은 인체가 지닌 오묘한 방어 기전이라 할 수 있지. 참고로 항원의 종류에 따라 항체도 달라지므로 예방 백신을 맞을 때는 어떤 병을 예방할 것인지를 생각하고 백신 종류를 선택해야 해.

그런데 백신을 만들 때 실제로 병을 일으키는 미생물을 그냥 사용하면 예방이 아니라 감염이 될 수 있겠지? 그래서 실제로 병을 일으키는 미생물을 그대로 사용하지 않고 죽이거나 약하게 하여 사용하기도 하고, 일부만 떼어 내어 사용하기도 해. 그 미생물이 가진 핵산을 분리하거나 가공하여 사용하기도 하지.(핵산에 대해서는 4장에서 설명할게.)

이렇게 여러 가지 방법으로 백신을 만드는 것은 미생물이 때에 따라 다르게 반응하기도 하고, 주변 여건에 따라 특징이 다르게 나타나기도 하기 때문이야.

최초의 백신, 종두법

두창은 역사 이래 수시로 유행하면서 많은 사람들의 목숨을 앗아 간 감염병이야. 18세기 영국에서도 수시로 환자가 발생하여 많은 이들이 목숨을 잃었지. 의사였던 에드워드 제너는 예상치 못한 감염병으로 사람들이 죽어 가는 게 매우 안타까웠어.

'뭐 좋은 방법이 없을까?'

그러던 차에 아주 흥미로운 소식을 듣게 되었어. 소의 두창인 우두에 걸려 본 사람들은 평생 두창에 걸리지 않는다는 거야. 우두는 두창 바이러스와 아주 비슷한 우두 바이러스가 원인이었는데, 소젖을 짜는 사람들이 소와 접촉하는 과정에서 감염되어 손 주변에 감염되는 경우가 흔했어.

두창이 발생하면 얼굴을 비롯한 온몸에 빨간색 반점이 생기거든. 그래서 운 좋게 살아남더라도 얼굴이 보기 흉하게 변하는 경

우가 많았어. 그런데 우두는 사람의 두창과 증상이 비슷하기는 하지만 훨씬 약했어. 피부에 증상이 나타나는 듯하다가 거의 정상으로 회복되었지. 그러니 일단 낫기만 하면 별 문제가 없었던 거야.

제너는 '우두에 한번 걸린 사람은 두창에 걸리지 않는다.'는 말이 옳은지 확인하고자 했어. 이를 위해 두창에 걸린 환자의 병소(병의 원인인 병원균이 몰려 있는 곳)에서 뽑아낸 액체를 예전에 우두에 걸린 적 있는 사람의 피부에 소량 주입해 보기로 했지.

그러나 실험에 응할 사람을 찾기가 쉽지 않았어. 잘못하면 두창에 걸려 세상을 떠날 수도 있으니까 말이야. 그러던 중 존 필립이라는 60대 남성이 실험에 지원했어.

"나는 이미 살 만큼 살았고 선생님을 믿으니 실험 대상이 되겠습니다."

제너는 두창 환자로부터 얻은 시료(검사에 쓰이는 물질이나 생물)를 존 필립의 피부에 소량 주입했어. 그랬더니 피부에 발진이 생기기는 했지만 며칠 뒤 줄어들었고, 아무 문제도 일어나지 않았어. 한번 우두에 걸리면 두창에 걸리지 않는다는 사실이 참으로 확인되는 순간이었지.

다음으로 제너는 제임스 핍스라는 8세 소년을 대상으로 실험을 했어. 먼저 우두에 걸린 20세 여성의 병소에서 시료를 뽑아 제임스 핍스에게 주입하자 약간의 흔적만 나타나고 아무 문제도 생기지 않았어. 그리고 4주 후에 두창 환자에서 뽑은 시료를 주사하자 존 필립과 마찬가지로 약간의 증상만 나타났을 뿐 두창에 걸리지는 않았지. 우두를 이용하여 오랫동안 인류를 괴롭혀 온 두창을 해결할 길이 열린 거야.

이 방법을 종두법이라고 해. 종두법은 한 번만 시도하면 평생 두창에 걸리지 않을 만큼 효과가 좋았기 때문에, 그 후로 인류는 두창의 공포에서 서서히 해방될 수 있었어. 1977년에 소말리아

에서 마지막 환자가 발생한 후 1980년에 세계 보건 기구는 두창이 지구상에서 완전히 사라졌다고 선포했지. 감염병 중에서 최초로 인류가 해결한 병이 된 거야. 이렇게 두창을 해결할 수 있게 된 것은 과거에 많은 사람들이 두창 백신을 접종받았기 때문이야.

그로부터 지금까지 두창 환자는 한 명도 발생하지 않았고, 예방 백신도 더 이상 사용하지 않아. 물론, 바이러스가 어딘가에 숨어 있다가 다시 나타날 가능성이 있긴 하지만 말이야.

백신은 몇 번 맞아야 할까?

우리나라에서는 아기가 태어나면 신생아 예방 접종표에 따라 예방 접종을 받아. 그래서 청소년기가 되면 이미 많은 감염병에 대해 면역을 가진 상태가 되지.

그런데 결핵과 수두 백신은 한 번만 맞으면 되는 데에 비해 폴리오(소아마비)나 DPT 백신(디프테리아, 백일해, 파상풍을 동시에 예방하는 백신)은 네다섯 번을 맞아야 해. 여러 번을 맞아야 면역력을 충분히 가질 수가 있거든.

종두법은 한 번 시도하는 것만으로 거의 평생 두창에 걸리는 것을 예방할 수 있다고 했지만 모든 백신이 그렇지는 않아. 두 번 이상 맞아야 하는 백신도 있어.

백신을 처음 맞고 얼마 지나지 않으면 효과가 강하지만, 공부를 안 하고 시간이 지나가면 잊어버리는 것처럼 면역력도 점점 약화될 수 있어. 그러면 한 번 더 맞는 게 좋다는 거야. 두 번으로도 충분하지 않으면 세 번 맞는 게 더 좋고 말이야.

그럼 영원히 맞아야 하는 거 아니냐고? 가격이 싸고, 부작용

없이 안전하며, 사용하는 데 아무 불편이 없다면 여러 번 맞는

것도 고려해 볼 수 있어. 그렇지만 계속해서 백신만 맞으면서 살 수는 없으니 백신을 연구하는 학자들은 일단 백신을 만들면 어떻게 사용하는 것이 가장 좋은 방법인지를 연구하지. 백신이라는 게 사람이 인위적으로 만드는 물질이니 많이 사용하면 예상치 못한 일이 벌어질 수도 있잖아. 그래서 백신이 만들어지면 시험을 통해 제일 좋은 사용법을 알아내는 게 중요해.

백신의 효과를 높이기 위해 일정한 시간이 지난 후 추가로 접종하는 걸 '부스터샷'이라고 해. 코로나19의 경우 역사상 처음 나타난 감염병이라서 전혀 경험이 없다 보니 백신 종류에 따라 한두 번 맞는 걸로 계획했다가 추가로 부스터샷을 하는 것이 더 좋겠다는 사실을 알게 되었고, 추가 접종이 진행되었어.

집단 면역이 뭐야?

2020년에 코로나19가 유행하기 시작하자 전 세계 거의 모든 나라가 이 병의 전파를 막기 위해 사람들의 이동을 제한하고, 마스크를 쓰도록 했어. 그러나 코로나19는 기세가 줄어들지 않은 채 계속해서 더 많은 사람들을 감염시켰지.

사람들이 전파를 막기 위한 조치를 잘 따랐음에도 불구하고 코로나19가 계속해서 번져 간 것은 이 병의 전파력이 아주 강하기 때문이야.

코로나19 바이러스는 공기 중에 존재하다가 숨을 쉴 때 코로 들어와서 기관과 기관지를 지나 폐(허파)에 도달해 폐세포 속으로 들어가야 증식할 수 있어. 폐세포 속으로 들어가지 못하면 기침을 하거나 숨을 내쉴 때 몸 밖으로 나가게 되고, 그러면 바이러스가 들어간 사람에게 아무 영향을 미치지 못하기 때문에 병이 생기지 않아.

코로나19 바이러스가 전파력이 강한 이유는 폐에 도달했을 때 폐세포에 붙어서 세포 안으로 들어가는 능력이 아주 뛰어나기 때문이야. 우리 몸의 세포는 막으로 둘러싸여 있어서 외부로부터 무언가가 세포 안으로 들어오는 것을 막기도 하고, 선택적으로 통과시키기도 하는데 코로나19 바이러스는 세포막에 붙어서 세포 안으로 들어갈 수 있는 특별히 좋은 능력을 가지고 있어.

바이러스는 그 자체로 생존이 불가능하기 때문에 빨리 숙주 세포를 찾아들어 가서 그 안에 기생을 해야 하거든. 그런데 코로나19 바이러스는 공기 중에서 죽지 않고 버티는 기간이 길고, 열을 가해도 다른 바이러스보다 오래 버티는 등의 특징이 있는 데다, 폐세포에 붙기만 하면 안으로 들어가는 능력이 좋아. 그러니 아무리 사람들이 전파를 막으려고 노력해도 계속해서 환자가 늘어나는 거야.

그렇다면 전 세계 모든 사람들이 코로나19 바이러스에 걸리게 되는 걸까?

그럴 수도 있지만 역사를 돌이켜 보면 아무리 전파가 빠른 감염병이 유행한다 해도 전 세계 모든 사람이 걸린

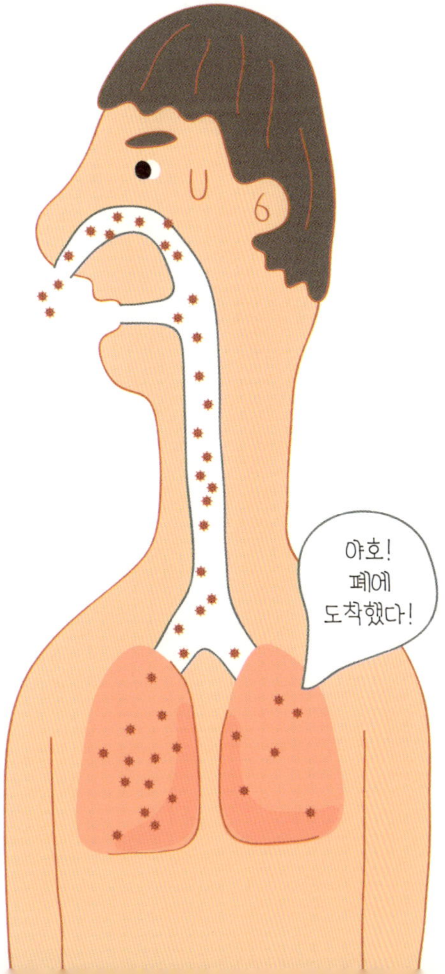

경우는 없어. 그 이유는, 운 좋게 감염병을 일으키는 세균이나 바이러스가 몸으로 들어오지 않은 경우도 있고, 몸에 들어왔지만 증상을 느끼지 못하고 지나간 사람이 있기 때문일 거야.

마이크로소프트를 설립한 빌 게이츠는 전 세계가 코로나19 해결을 위해 노력하고 있던 2020년 여름에 "아무리 노력해도 코로나19 유행은 2년은 지속될 것이다."라고 했어. 그러자 "아니야, 5, 6년은 지나야 코로나19로부터 해방될 수 있을 거야."라고 말하는 학자들도 나타났어.

전파력이 아주 강한 코로나19가 2년 또는 5, 6년 후에는 유행이 잠잠해질 거라고 하는 이유는 뭘까?

역사를 돌이켜 보면 14세기 페스트, 1918년 스페인 독감, 1957년 아시아 독감, 1968년 홍콩 독감, 2009년 신종 플루 등 전 세계 수많은 사람들이 피해를 볼 만큼 전파력이 강한 감염병이 2년을 넘겨서 유행을 한 경우는 없었어. 이유는 집단 면역이 형성되기 때문이야.

어느 지역에 1,000명이 살고 있는데 그중 90퍼센트인 900명이 예방 접종을 받았고, 예방 효과는 90퍼센트라고 가정해 보자.

갑자기 사람을 괴롭히는 바이러스가 나타나 마을 사람 100명을 감염시켰다면, 그중 90퍼센트인 90명은 예방 접종을 받았을 테고 예방 효과가 90퍼센트니 90명의 90퍼센트인 81명에게서는 아무 일도 생기지 않아. 백신을 맞지 않은 10명과 백신을 맞았지만 효과가 나타나지 않은 9명은 병이 생기겠지. 하지만 전체 1,000명의 인구 중에 19명만 바이러스를 내뿜는 셈이니까 많은 사람을 감염시킬 수가 없겠지? 얼마 지나지 않아서 바이러스는 위력을 발휘하지 못하게 되고, 극소수의 사람에게만 전파될 거야. 이 감염병이 아주 치명적이지만 않으면 사람들의 관심밖으로 밀려나겠지. 이렇게 인구의 전체 집단에서 감염병 퇴치 효과를 지니는 현상이 나타나는 것을 '집단 면역'이라 해.

아무리 코로나19가 전파력이 강하다 해도 일단 한번 감염되면 어느 정도 다음 감염을 예방하는 면역력을 가질 수 있게 되므로 빌 게이츠는 '코로나19 바이러스는 전파력이 아주 강하지만 과거 감염병들처럼 2년 정도 유지되다가 사람들이 집단 면역을 가지기 시작하면 해결할 수 있을 것이다.'라고 생각한 거야. 반면 5, 6년이 걸릴 거라고 주장한 학자들은 '과거에 2년 내로 감염병

우리 마을 사람의
90퍼센트는 백신을
맞았어요.
우리 가족도
다 맞았어요.
백신 맞았니?
응!
나는
바이러스에
감염됐어요.
이제 집단 면역이
생겨서 괜찮아.
백신 맞았니?
네!
백신 맞았니?
그럼!

의 유행이 잠잠해진 것은 수많은 사람들이 병에 걸렸다 낫는 과정에서 면역을 가지게 되었기 때문이다. 하지만 코로나19는 사람들이 의학 지식을 바탕으로 마스크를 쓰고, 밖으로 나다니기를 절제하면서 병의 전파를 막고 있으니 집단 면역이 형성되는 기간이 길어져서 더 많은 시간이 걸린다.'라고 판단한 거지.

다행히 2020년 말부터 여러 회사에서 백신을 공급하기 시작하여 세계인들이 백신을 맞기 시작했어. 물론 나라별로 백신 접종률에 차이가 있고, 백신의 효과가 아주 좋은 것은 아니었어. 하지만 많은 사람들이 백신의 효과를 봤고, 운 나쁘게 감염된 사람들도 회복하면서 어느 정도 면역력을 가지게 되면서 2022년에는 서서히 코로나19 이전의 일상을 회복하기 시작했어.

다들 예방 접종을 받는데 나 혼자만 안 맞을 경우 내가 감염병에 걸릴 가능성은 아주 낮아. 이유는 병원체가 나를 찾아서 들어오기 어렵고, 다른 사람들에게 감염되더라도 병이 생기는 경우가 아주 적어서 유행하기가 힘들기 때문이야. 이렇게 한 명의 면역력과 관계없이 집단 면역은 감염병의 유행 정도를 결정하는 데 중요한 역할을 한다고 할 수 있어.

백신을 맞느니 병에 걸리겠다고?

1796년에 영국의 에드워드 제너가 최초의 백신인 종두법을 개발한 후, 19세기 프랑스의 루이 파스퇴르가 닭 콜레라, 탄저, 광견병 백신을 개발하면서 백신이 다양한 감염병을 예방할 수 있음을 보여 주었어. 그 후로 지금까지 수많은 감염병을 예방하는 백신이 개발되어 많은 사람들을 감염병의 공포에서 해방시켜 주고 있어.

그런데 백신을 거부하는 사람들도 있어. 신생아 예방 접종표에 나와 있는 백신을 무시하고 어린이들이 백신을 투여받을 기회를 주지 않는 부모도 있고, 코로나19 백신을 공짜로 놓아 준다고 해도 거부하는 이들도 있었어. 백신 제조 과정을 믿지 못하는 경우나 백신의 효과를 믿지 않는 경우, 백신의 부작용을 무서워하는 경우 등 다양한 이유로 백신을 거부하는 거지.

어떤 가수가 노래 부르는 걸 들으며 누구는 노래를 잘한다고 하고 누구는 아니라고 하듯이, 똑같은 내용을 접하더라도 판단은 각자 다를 수 있어. 그런 것처럼 백신에 대한 정보가 주어지면 같은 이야기를 듣고도 서로 판단이 다를 수 있거든.

학자들은 안전하고 효과 좋은 백신을 만들기 위해 계속 노력하지만 가끔 시판된 백신 중에 뒤늦게 문제가 있음이 발견되는 경우도 있어. 아무리 과학이 발전한다 해도 사람이 가진 지식은 한계가 있기 때문에 완벽한 백신을 만드는 게 쉬운 일이 아니거든. 또 인류가 얼마나 많은 면역학 지식을 가지고 있는지도 알 수 없어. 그저 현재 상태에서 조금씩 더 알려고 노력할 뿐이야.

인종, 민족, 개인에 따라 유전 정보가 다르기 때문에 같은 백신이나 약을 사용한다 해도 결과가 다르게 나올 수도 있어. 그래서 의학자들은 최선의 결과를 얻을 수 있는 백신을 만들기 위해 노력하고 있지. 그리고 이미 사람들이 사용하기 시작한 후에도 백

신의 효과가 제대로 나타나는지, 예상치 못한 부작용이 있는 것은 아닌지를 계속해서 알아보고 있어. 그러다가 안 좋은 사실을 알게 되면 사용이 중지되기도 해.

2018년에 중국에서는 사용해서는 안 되는 DPT(디프테리아, 백일해, 파상풍) 백신과 광견병 백신을 판매한 회사가 적발되어 큰 사회 문제가 되었어. 35만 명이 넘는 아기들이 이 엉터리 백신을 접종받았는데, 목숨을 잃은 아기도 있었어.

이런 뉴스가 알려지면 무서워서 백신을 거부하는 사람들이 생겨나고, 그렇게 되면 집단 면역 형성이 어려워서 누구나 감염병에 대한 공포를 안고 살아야 해. 그러니 보건당국에서는 백신 관리를 철저히 해서 누구나 안심하고 백신을 접종받을 수 있게 하고, 매스컴은 백신에 대해 올바른 지식을 전하여 사람들이

백신에 대한 잘못된 이미지를 갖지 않도록 해야 해.

우리나라에서는 중요한 정책을 결정할 때 올바른 결정을 하기 위해 수많은 학자와 행정가들이 모여 오랜 시간 깊이 있는 토론을 해. 그러니 일단 정부에서 정책을 발표하면 믿고 따르는 게 바람직하지.

같은 교실에서 공부한 학생들의 성적에 차이가 있고, 또 평소에 공부를 열심히 하고 시험을 잘 치는 학생이 어쩌다 한 번씩 시험을 못 치는 경우가 있지? 마찬가지로 백신 사용 후 예상치 못한 부작용이 발생할 가능성은 항상 있어. 이에 대한 적절한 보상책을 마련하여 국민들이 안심하고 백신을 맞을 수 있게 하는 것이 정부의 책임과 의무라 할 수 있어.

암도 백신으로 예방한다고?

혹시 '암 백신'이라는 말을 들어 봤니?

암 백신이라는 말을 가장 많이 사용하는 경우는 여성에게서 흔히 발생하는 자궁 경부암 백신을 가리킬 때야. 자궁 경부암은 사람 유두종 바이러스 중 일부에 감염된 경우, 이 바이러스에 의해 자궁 경부의 세포가 암세포로 바뀌어 계속해서 자라나기 때문에 발생하는 암이야. 백신을 맞으면 사람 유두종 바이러스 감염을 예방할 수 있기 때문에, 결과적으로 자궁 경부암이 발생하지 않게 돼.

사람 유두종 바이러스 감염을 예방하는 거니까 사실은 바이러스용 백신이라고 해야 맞지만, 결과적으로는 자궁 경부암을 예방할 수 있으니 암 백신이라 해도 크게 틀린 말은 아니야.

암은 발생한 위치에 따라서 위암, 간암, 폐암, 대장암 등의 이름을 붙이지만 그 장기에서 어떤 세포에 이상이 생겼느냐에 따라 더 다양한 종류가 있어. 예를 들면 폐암에는 편평 상피 세포암, 샘암, 대세포암, 소세포암 등 여러 가지가 있지.

이렇게 많은 종류의 암을 한 번에 모두 예방할 수 있는 백신이 있다면 얼마나 좋을까?

암은 우리 몸에서 필요 없는 세포가 마구 자라나는 현상이야. 세포가 덩어리를 이루어 자라면 정상적인 세포에 침입하여 파괴하므로 기능을 못 하게 돼.

암세포가 자라면 위험성을 감지한 사람의 몸은 이 암세포를 처리하기 위한 방어 기전을 작동시켜. 이것도 면역의 일종인데, 암세포와 맞서 싸울 수 있게 면역 기능을 강화하면 암을 예방할 수도 있을 거야.

이런 생각을 처음 한 윌리엄 콜리는 수술을 주로 하던 외과 의사였어. 그는 1890년대에 우연히 자신이 수술해야 할 암 환자들에게 감염병이 발생하는 경우, 암세포가 줄어드는 현상을 발견하고 이유를 찾기 위해 노력했지. 그러나 그때는 의학 지식이 지금과는 비교가 안 될 정도로 부족했고, 특히 면역학은 발전하기 전이어서 콜리는 세상을 떠날 때까지 이유를 알지 못한 채 관찰한 내용을 공책에 남겨 놓기만 했어.

콜리의 발견에 관심을 가진 사람들은 1953년 뉴욕에 암 연구소를 설립했어. 그리고 지금까지 약 70년간 콜리의 발견을 암 치료에 활용하기 위한 연구를 진행 중이야. 아무 가능성이 없었다면 일찌감치 연구를 그만두었을 텐데, 백신으로 암을 예방할 수 있을 거라는 희망적인 연구 결과가 계속 나오고 있어. 그러니 가까운 미래에는 암 백신이 상용화될지도 몰라.

암 백신 외에 당뇨병 백신, 치매 백신 등 다양한 백신을 지금 연구 중이야. 아무리 의학이 발전했다 해도 아직 모르는 게 많고, 모르는 걸 알아내기 위해 연구를 하다 보면 새로운 아이디어가 자꾸 떠오르게 돼. 이러한 아이디어를 이용하여 더 좋은 예방과 치료법을 찾아내기 위한 연구를 하는 것이 의학 발전의 원동력이 되는 거야.

아직은 암, 당뇨병, 치매 백신이 일반화하여 널리 사용되고 있다고 할 수는 없지만 의학자들이 계속해서 좋은 연구 결과를 얻고 있어. 그러니 미래에는 감염병이 아니라 장기간 사람의 몸에 이상을 일으켜 발생하는 대사성 질환, 신경퇴행성 질환도 백신으로 질병 해결에 큰 도움을 줄 수 있게 될 거야.

이 책을 읽는 우리 친구들도 지금부터 사람을 괴롭히는 질병을 해결할 수 있는 백신에 관심을 가지기를 기대할게. 당장은 학교 공부가 중요하지만 독서를 통해 아직 사람들이 모르는 게 무엇인지를 알고 내가 이를 해결하겠다는 생각을 가지면 공부를 할 때 흥미가 더 증가할 거야.

백신 덕분에
여러 감염병을 막을 수 있어!

4장 다양한 종류의 백신

미생물학의 아버지 파스퇴르

우리나라에서는 우유 이름으로도 널리 알려진 루이 파스퇴르는 1822년에 프랑스에서 태어났어. 파스퇴르는 의사가 아니면서도 의학 발전에 누구보다 큰 공헌을 했지.

파스퇴르가 화학 교수로 일하고 있을 때 농민들이 도움을 요청했어.

"저희는 포도주 농사를 짓는 농민인데, 어떨 때는 맛있는 포도주가 만들어지지만 어떨 때는 포도주가 썩어서 못 먹게 되어 피해가 큽니다. 이런 피해를 막을 방법이 없을까요?"

농민들의 문제를 해결해 주고 싶었던 파스퇴르는 포도주 생산법을 연구하기 시작했어. 이게 바로 파스퇴르가 눈에 보이지 않는 미생물 연구에 뛰어든 계기야.

조사 결과, 파스퇴르는 포도주가 세균에 오염되면 썩어서 못 먹게 되고, 효모가 들어가면 맛있는 포도주가 만들어진다는 걸 처음 알아냈어. 세균 오염을 방지하려면 효모를 미리 넣어 두면 되는 거였지. 누군가가 자리를 차지하고 있으면 다른 사람이 그 자리에 앉지 못하는 것과 마찬가지야.

포도주 문제를 해결하자 이번에는 닭을 키우는 농민들이 닭에게 유행하는 감염병인 닭 콜레라를 해결해 달라고 부탁했어. 닭 콜레라는 한번 유행했다 하면 치사율이 아주 높아서 큰 피해를 주는 감염병이었지.

해결책을 고민하던 파스퇴르는 제너의 종두법을 떠올렸어. 문제는 종두법이 두창과 비슷한 우두를 이용하여 개발된 건데, 닭

콜레라는 유사한 병이 없다는 거였어.

어떻게 하면 우두의 시료처럼 예방용으로 사용 가능한 시료를 얻을 것인가를 고민하던 파스퇴르는 어느 날 멀쩡한 닭이 닭 콜레라에 걸린 닭의 시료가 담긴 수프를 먹은 후 비실비실하다가 병에는 걸리지 않고 회복되는 걸 발견했어. 파스퇴르는 수프 속 미생물이 정상보다는 약하기 때문에 건강한 닭에게 약간의 증상만 일으키다가 병으로 진행하지 않고 회복된다고 생각했지. 이를 토대로 시료를 약화하여 예방용으로 사용하는 방법을 개발하는 데 성공했어.

파스퇴르는 제너가 암소를 이용하여 종두법을 개발한 것에 착안하여 라틴어로 암소를 의미하는 'vacca'로부터 '백신(vaccine)'이라는 용어를 만들어 처음 사용했어. 백신을 처음 만든 사람은 제너지만 용어를 처음 사용한 사람은 파스퇴르인 거야.

닭 콜레라 백신 제조에 성공한 파스퇴르는 가축에게 주로 유행하면서 사람에게도 발생하는 탄저 예방 백신을 만들고자 했고, 이것도 성공했어. 다음에 시도한 광견병 백신 제조도 성공함으로써 파스퇴르는 닭 콜레라, 탄저, 광견병 등 세 가지 백신 개발에 성공했지.

프랑스 정부는 1887년에 파스퇴르의 이름을 딴 연구소를 설립했는데, 그로부터 몇 년 후에 독일에 설립된 로베르트 코흐 연구소와 함께 19세기 말 전 세계 의학을 선도하는 기관으로 자리 잡았어. 그 결과 수많은 나라에서 유학생들이 몰려와서 의학 연구를 했고, 과학에 바탕을 둔 의학이 한층 발전하게 되었지.

미생물인 진균류에는 곰팡이, 효모, 버섯 등이 속하는데, 파스퇴르는 포도주 연구에서 효모와 세균을 구별했고, 세균에 의한 탄저와 닭 콜레라, 바이러스에 의한 광견병 백신을 제조하여 사람들을 감염병에서 해방될 수 있게 해 주었어. 또 미생물이 자연 발생하지 않는다는 점도 알아냈고, 우유에 포함된 세균을 맛있게 살균하는 저온 살균법도 알아냈지. 그야말로 '미생물학의 아버지'라는 별명에 걸맞은 훌륭한 학자라 할 수 있어.

파스퇴르는 1895년에 세상을 떠났는데, 만약 1901년 이후까지 살았다면 최초의 노벨 생리 의학상 수상자가 되었을지도 몰라.

최초의 노벨상을 안겨 준 혈청 치료법

노벨상은 다이너마이트를 발명한 알프레드 노벨의 유언에 따라 인류에 큰 공헌을 한 사람에게 주는 상이야. 1901년부터 수여했는데 독일의 에밀 폰 베링은 디프테리아를 예방할 수 있는 혈청 치료법을 개발한 공로로 최초의 노벨 생리 의학상을 받았어.

가정 형편이 여의치 않았지만 의사가 되고 싶었던 베링은 무료로 공부를 할 수 있는 군의학교에 입학해 의학을 공부했어. 졸업 후 군의관으로 독일 여러 지방을 옮겨 다녔는데, 이때 주로 감염병을 연구하면서 점점 환자를 보는 의사보다 연구를 하는 의학자에 빠져들었지.

1870~80년대 독일에서는 훗날 '세균학의 아버지'라 불리게 되는 로베르트 코흐가 명성을 떨치고 있었어. 베링은 희망대로 코흐의 연구실에 취업하여 디프테리아를 해결하기 위한 연구를 시작했지.

디프테리아는 역사적으로 대유행을 한 적은 없지만 수시로 국

지적으로 유행을 하면서 인류를 괴롭혀 왔어. 1880년 무렵 크게 유행을 한 후 사라지지 않고 있던 감염병이지. 디프테리아균이 직접 사람을 공격하는 게 아니라 독소를 만들어 방출함으로써 사람에게 피해를 일으킨다는 게 특징이야.

베링은 토끼에게 디프테리아 독소의 양을 달리하면서 투여하여, 토끼가 다음에 또 독소에 노출되는 경우 어떤 반응이 일어나는지를 관찰했어. 그 결과, 죽지 않을 만큼 적은 양의 독소를 받은 토끼는 다음에 더 많은 양의 독소가 들어오더라도 감염 증상이 나타나지 않는 걸 발견했지. 백신을 맞으면 항체를 만드는 능력이 커져서 다음에 진짜로 감염되더라도 예방이 가능한 원리와 비슷해.

이 연구 결과를 바탕으로, 면역이 생긴 동물의 혈액에서 독소를 중화하는 물질, 즉 항독소를 분리함으로써 혈청 요법을 발견할 수 있었어. 베링은 또 1891년 말에 디프테리아에 감염된 어린이 환자들에게 혈청 요법을 시도하여 치료 효과가 있음을 확인했어. 이후 혈청 요법이 일반인들에게 사용되기 시작하면서 디프테리아 감염에 의한 치사율이 크게 감소되었지.

베링이 시도한 예방법은 수동 면역 요법에 해당하는데, 제너와 파스퇴르가 확립한 능동 면역 요법과는 다른 방법으로 감염병을 예방할 수 있음을 보여 준 사건이야. 능동 면역은 항체가 잘 만들어질 수 있도록 백신으로 자극하는 방법이고, 수동 면역은 이미 만들어진 항체를 넣어 주는 방법이야.

베링이 연구할 때는 정확한 실체를 몰라서 독소에 대항하여 싸운다는 뜻으로 항독소라 했지만, 지금은 독소를 항원으로 인식한 개체가 여기에 맞서 싸울 항체를 만들게 되니, 혈청을 다른 사람에게 예방을 위해 넣어 줄 때 그 항체가 옮겨진다는 사실을 알고 있어.

앞서, 코로나19가 한창 유행할 때 방역당국이 코로나19에 걸렸다가 나은 사람들에게 적극적으로 헌혈해 달라고 부탁했다고 했던 거 기억하지? 완치자들의 핏속에 있는 코로나19 항체를 이용하여 환자를 치료하기 위해서 말이야. 이것도 베링의 혈청 요법을 응용한 방법이야. 완쾌한 사람의 핏속에 들어 있는 항체를 분리하여 환자에게 넣어 주면, 환자가 항체를 만드는 기간을 줄일 수 있으므로 빠른 치료가 가능해지는 거야.

베링이 일하던 연구소에는 소장인 코흐 외에도 유명한 학자들이 많았어. 이들은 서로 아이디어를 주고받으며 각자의 연구를 격려하고 연구 결과를 공유했는데, 이 과정에서 좋은 아이디어를 떠올릴 수 있었던 것이 베링의 성공 비결이라 할 수 있어.

바이러스가 죽은 백신,
살아 있는 백신

우리가 흔히 소아마비라고 부르는 폴리오는 이집트 피라미드 내부 벽화에도 환자가 그려져 있을 정도로 오래된 감염병이야.

이 병을 일으키는 폴리오바이러스는 1930년대가 되어서야 환자의 병소에서 분리되었어. 1939년에 찰스 암스트롱은 폴리오바이러스를 쥐에 감염시켜 폴리오가 발생하는 걸 발견했어.

1954년에는 하버드대학교 전염병 연구소에서 일하던 존 프랭클린 엔더스, 토머스 허클 웰러, 프레더릭 채프먼 로빈스 세 사람이 사람과 원숭이에게서 얻은 조직을 이용하여 시험관에서 폴리오바이러스를 배양하는 데 성공했어. 이는 인류 역사상 최초로 바이러스를 배양한 사건이야. 세균이든 바이러스든 배양을 해야 연구 재료를 얻을 수 있는데, 바이러스는 워낙 크기가 작아서 그때까지 배양을 못 하고 있었거든. 이들은 이 공로로 노벨 생리 의학상을 수상했어.

원인이 되는 바이러스를 찾아내고, 배양할 수도 있게 되었으니

다음으로는 당연히 예방 백신과 치료제를 찾아내야겠지?

1953년에 조너스 소크는 폴리오바이러스를 원숭이 콩팥 세포에 주입하여 대량으로 키우는 데 성공했어. 그리고 포르말린을 이용하여 바이러스가 사람에게 해를 주지 않게 만드는 방법으로 백신을 제조했어. 이를 소크 백신이라 하는데, 피부에 소량 접종하여 사용하는 백신이야.

그때까지 수시로 유행하면서 어린아이의 다리를 마비시켜 절게 만드는 폴리오를 예방할 수 있게 되었으니 소크는 아주 유명해졌어.

소크와 맞수라 할 수 있는 앨버트 세이빈도 곧 새로운 백신을 개발했어. 흔히 세이빈 백신이라 부르는 새 백신은 과자처럼 먹을 수 있어서 아이들에게 사용하기에 매우 좋았어. 1957년에 사용되기 시작한 이 백신은 소크 백신을 서서히 대체하여 1960년대가 되자 소크 백신 대신 전 세계적으로 널리 이용되었지.

두 백신의 가장 큰 차이점은, 소크 백신이 바이러스의 생명력을 떨어뜨린(죽인) 사백신인 반면 세이빈 백신은 생백신이라는 점이야. 세이빈은 포르말린과 같이 강력한 물질로 바이러스를 죽이는 게 아니라 바이러스가 살아 있는 상태지만 사람에 대한 독성은 약화시키는 방법을 이용해서 백신을 만들었거든.

세이빈이 개발한 먹는 백신은 만드는 과정에서 소크 백신보다 시간과 비용이 더 많이 들었기 때문에 가격이 비쌌지만, 효과가 좋고 사용하기 편리했으므로 시장 점유율을 높여 갈 수 있었어. 폴리오를 일으키는 바이러스는 인간이 아닌 다른 동물에게서는 쉽게 생존하지 못하는데, 세계적으로 세이빈 백신 사용이 많아지면서 환자가 서서히 줄기 시작했지.

폴리오바이러스를
대량으로 키우는 데
성공했어!
조너스
소크

우리나라는 1984년 이후 지금까지 환자가 한 명도 발생하지 않

아서 세계적으로 폴리오가 퇴치된 나라로 인정받고 있어. 국제적으로 폴리오는 두창에 이어 두 번째로 퇴치되는 감염병이 될 것이라는 기대를 받고 있지만 경제 수준이 낮아서 백신이 널리 보급되지 못한 사하라 사막 남쪽 지역에서는 아직도 유행 가능성이 존재해. 하루빨리 폴리오가 두창에 이어 두 번째로 지구상에서 사라지는 감염병이 되기를 기대하고 있어.

감염병 하나에 백신은 여러 개?

지금까지 소개한 감염병 말고도 세상에는 수많은 감염병이 존재해. 그만큼 사람에게 해를 일으키는 세균과 바이러스도 많고 말이야.

이런 세균과 바이러스는 종류에 따라 모양, 기능, 물리화학적 특성 등이 워낙 다르기 때문에, 면역력을 자극할 백신을 잘못 만들면 예방하려다 오히려 병을 일으키는 등 사람에게 큰 피해를 남길 수 있어. 또한 뜻대로 잘 만들어질 것인지는 만든 후에 사용을 해 봐야만 알 수 있어. 아무리 공부를 열심히 해도 시험을 치기 전에는 성적을 알 수 없는 것과 마찬가지로 말이야.

학생들이 자신에게 맞는 공부법을 찾아야 성적을 올릴 수 있는 것처럼, 미생물도 종류에 따라 외부의 자극에 대항하는 방법이 다르기 때문에 백신을 어떻게 만드느냐에 따라 결과가 다르게 나타나.

바로 앞에서, 폴리오를 해결하기 위해 조너스 소크는 바이러스를 죽여서 백신을 만들고, 앨버트 세이빈은 바이러스가 살아 있는 채로 백신을 만들었다는 이야기를 했잖아. 먼저 만든 소크의 사백신도 효과가 좋았지만, 나중에 판매가 시작된 세이빈의 생백신은 효과가 더 좋았어. 게다가 주사를 맞는 게 아니라 먹기만 해도 되었으니 사용하기에 아주 편리해서 더 많이 사용되었지.

이처럼 백신을 만드는 방법은 다양하기 때문에, 한 가지 감염병에 대한 백신을 여러 가지 만들어서 시험해 보면 어떤 백신이 가장 사용하기에 좋은 백신인지를 알 수 있어.

이렇게 백신이 사용되더라도 예방 효과가 조금이라도 떨어지면 더 좋은 효과를 가진 백신을 찾아내기 위해 학자들은 그때까지 알려진 모든 지식을 이용하여 새로운 백신을 만들어 내려는 노력을 하게 돼.

백신 만드는 방법이 한 가지만 알려져 있고, 그 방법으로 만든 백신이 병원체 퇴치에 좋은 효과를 가진다면 더할 나위 없이 좋은 일이야. 그러나 아무리 지금까지 알고 있는 지식을 총동원하여 효과 좋은 백신을 만들려고 해도 실제로 백신을 제작하여 임상 시험을 해 보기 전에는 결과를 알 수가 없어. 그래서 새로운 백신을 만들어 임상 시험을 하고, 이를 사용하여 예방을 기대한

다 해도 생각보다 효과가 낮은 경우, 부작용이 심한 경우, 생산비가 너무 많이 드는 경우, 시판되면 효과가 기대에 못 미치는 경우 등이 흔히 있지. 그렇기 때문에 의학자들은 계속해서 새로운 방법으로 백신을 개발해 가면서 더 효과가 좋은 백신을 찾아내기 위해 노력하는 거야.

백신을 돕는 바이러스가 있다고?

세균이나 바이러스를 통째로 이용하여 백신을 제조하면 사람의 면역 기능을 잘 증진시킨다는 장점이 있지만, 반면 예방하려다 감염되는 사고가 일어날 수도 있어. 그리고 실험실에서 소량을 만들 때보다 공장에서 대량으로 백신을 만들 때 어딘가 잘못이 발생하면 큰 피해로 이어질 가능성도 크지.

그래서 더 안전한 백신을 만들기 위해 노력하던 학자들은 핵산을 이용한 백신을 만들기 시작했어. 핵산이 뭐냐고?

생물체를 이루는 기본 단위인 세포는 핵을 가진 진핵 세포와

핵이 없는 원핵 세포로 구분하곤 해. 핵은 세포 안에 들어 있는 물질인데, 세포와 생명체의 생존과 활동에 필요한 유전 정보를 간직한 DNA를 함유하고 있지.

수많은 세포로 이루어진 동물과 식물은 주로 핵을 가진 진핵 세포로 이루어져 있고, 원생동물 같은 단세포 생물은 핵이 없는 원핵 세포로 이루어져 있어. 진핵 세포의 핵 안에 들어 있는 물질이 화학적으로 산성을 띠고 있다고 해서 '핵산'이라는 이름이 붙었어.

20세기 초에, 핵산에는 DNA와 RNA 두 가지가 있다는 사실이 알려졌어. 여기서 'NA'는 우리말로 핵산이라는 뜻이고 앞에 붙은 'D'와 'R'은 핵산이 가진 탄수화물 종류를 뜻해.

DNA는 유전 정보를 가지고 있고, 진핵 세포에서는 핵 내에서만 존재해. 유전 정보를 가지고 있다는 게 무슨 말이냐고? 부모와 자식은 닮기 마련인데, 그 이유가 DNA를 부모로부터 물려받았기 때문이야.

유전 정보를 물려받은 후 이 유전 정보를 이용하여 생명 현상에 필요한 단백질을 만들려면 DNA가 가진 유전 정보를 단백질

합성을 담당하는 리보소체(리보솜)로 전달해야 해. 이를 담당하는 물질이 RNA 중 하나인 mRNA야.

DNA와 RNA는 생명체가 아니라 생명체가 가지고 있는 일종의 화학 물질이기 때문에 이를 백신 제조에 이용하면 아주 안전한 백신을 만들 수 있어.

문제는 이렇게 만든 백신이 사람의 면역 기능을 충분히 자극하여 감염병을 예방할 수 있는가 하는 거야.

안정된 구조인 DNA를 이용해 백신을 만드는 방법은 이미 수십 년 전부터 시도되었어. 그래서 지금은 여러 감염병에 DNA를 이용한 백신을 사용하고 있지.

혹시 코로나19 백신을 맞았니? 우리나라에서는 2021년 2월부터 만 18세 이상 성인부터 코로나19 백신 접종이 시작되었고, 그로부터 1년 뒤인 2022년 3월부터는 만 5세부터 11세까지의 아동도 맞기 시작했거든. 백신을 맞지 않은 친구들일지라도, 주위 어른들이 아스트라제네카를 맞았네, 화이자를 맞았네 하고 말하는 걸 들어 본 적이 있을 거야.

코로나19가 유행하여 전 세계 거의 모든 사람들이 감염의 위험에 처하자 여러 제약 회사들이 백신을 개발하기 위해 연구를 시작했어. 그중 아스트라제네카와 얀센 회사는 DNA를 이용한 코로나19 백신 개발에 성공했지.

한 가지 흥미로운 것은 DNA를 이용한 백신을 만들 때 바이러스의 일부를 함께 주입하기도 한다는 거야. 이때 흔히 사용되는 바이러스가 아데노바이러스인데, 이 바이러스는 감기를 일으키

는 바이러스 중 두 번째로 흔한 원인이야.

아데노바이러스를 DNA 백신 제조에 사용하는 이유는, 백신으로 사용하려고 넣어 준 DNA가 잘 전달되도록 하기 위해서야. DNA는 화학 물질이기 때문에 사람의 몸에서 기능을 할 수 있는 위치까지 안정된 상태로 전달하는 게 쉽지 않거든. 아데노바이러스는 사람에게 큰 증상을 일으키지 않는 데다 조금이라도 해가 될 수 있는 부분은 없애서 사용하기 때문에 위험이 발생할 가능성은 거의 없어. 그리고 인체 내에서 잘 생존하여 전달이 잘되기 때문에 백신 효과를 좋게 하기 위해 이용하는 거야.

코로나19 해결, mRNA 백신으로!

아스트라제네카와 얀센이 DNA를 이용한 백신이라면, 화이자와 모더나는 mRNA 백신이야.

mRNA 백신은 사람 몸에 들어가면 코로나19를 일으키는 바이러스가 만들어야 할 단백질을 만들어. 우리 몸은 이 단백질을 항원으로 인식하여 항체를 만들게 되지. 이런 경험을 하고 나면 실제로 바이러스가 침입하는 경우 면역 기능이 빨리, 많이 나타나서 항체 합성을 잘하겠지? 그러면 코로나19 바이러스에 대항하여 잘 싸울 수 있게 되는 거야.

DNA 백신은 이미 오래 전부터 다른 감염병 백신으로 활용되었기 때문에 재료만 있으면 쉽게 생산할 수 있는 시설을 갖춘 공장이 많아. 하지만 mRNA 백신은 코로나19 백신이 처음이야.

처음 시도하는 방법으로 백신을 만들었으니 충분히 검증되었

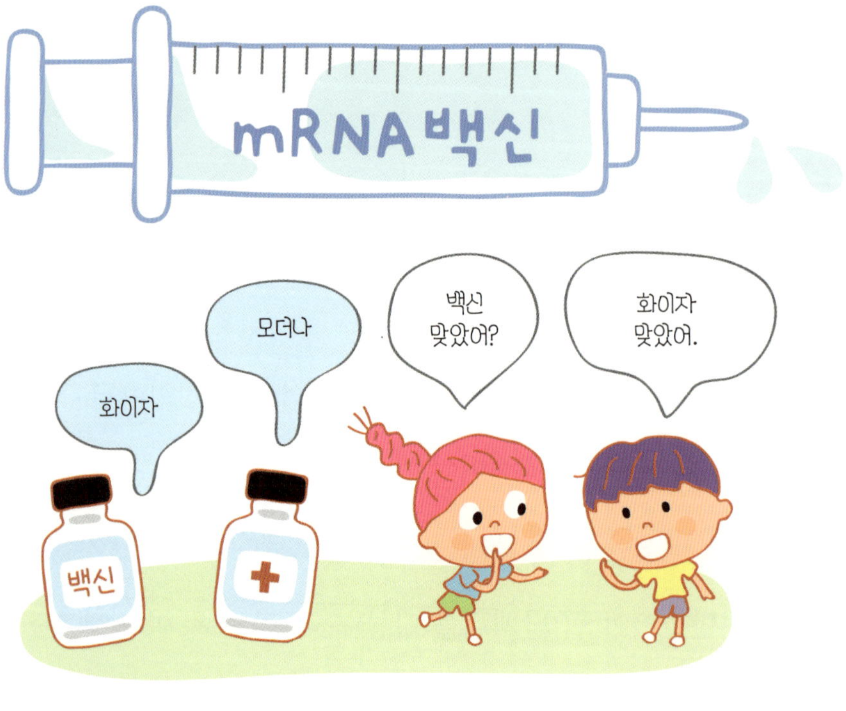

다고 할 수는 없지만, 코로나19 해결을 위해 사용한 백신 중에서는 화이자와 모더나의 mRNA 백신이 가장 먼저 개발되어 좋은 효과를 보여 주었어.

누가 이런 새로운 백신을 만들었을까?

흔히 mRNA 백신의 개발자로 헝가리 출신 미국 과학자 커털린 커리코의 이름이 거론되지만 사실 mRNA 백신 개발의 초석을 놓은 과학자는 여러 명이야. 학문이 발전한 오늘날에는 위대한 발견이 한 명의 힘에 의해 이루어지는 게 아니라 여러 명의

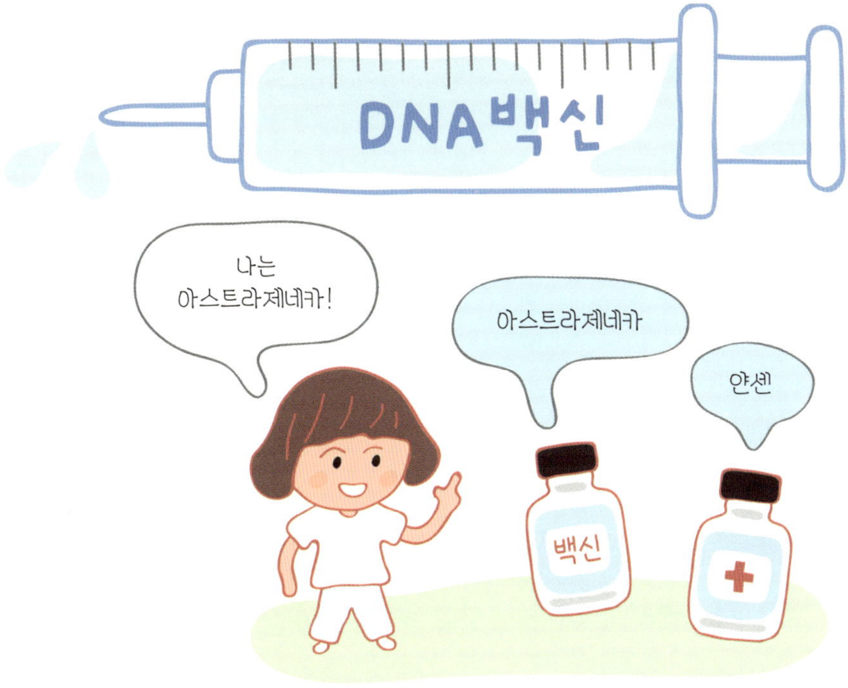

업적이 모여 이루어지는 법이거든.

1987년에 로버트 멜론은 반딧불에서 빛을 내는 단백질에 대한 정보를 가진 mRNA를 세포에 넣어 세포가 빛을 내게 하는 데 성공했어. 멜론은 세포가 mRNA를 받아들여 단백질을 만들 수 있으면 약으로 사용 가능할 것이라 생각했지.

그런데 mRNA는 불안정한 물질이고, 세포막을 통과하기 어렵기 때문에 백신으로 사용하려면 안정적인 mRNA를 제조하여 세포막을 통과할 수 있게 하는 방법을 찾아내야 했어.

코로나19에 대한 mRNA 백신 개발자로 잘 알려진 커리코와 공동 연구자 드루 와이스먼은 2005년에 mRNA가 세포막을 뚫고 세포 내로 잘 들어갈 수 있도록 mRNA에 작은 지질을 붙여서 세포 내로 들어가게 하는 기술을 개발했어. 사람 몸에 주입한 mRNA가 적당한 부분에 가서 면역 반응을 촉진하는 일이 가능해지게 된 거야.

커리코가 부사장으로 일하는 바이오엔텍은 작은 기업이기 때문에, 커리코는 큰 제약 회사인 화이자와 모더나에 기술을 전해주어 코로나19 백신을 대량 생산할 수 있도록 했어.

무슨 일이든 처음 시작할 때는 앞선 예가 없으므로 다른 사람의 인정을 받기가 쉽지 않아. 헝가리에서 박사 학위를 마치고 미국으로 온 커리코도 연구비를 따기 어려워서 젊은 시절에 어려움을 겪었어. 하지만 신념을 가지고 열심히 노력한 결과 코로나19 대유행이라는 세계적 위기 상황이 찾아왔을 때 그동안의 노력에 대한 결실을 거두고 전 세계인들에게 도움이 되는 좋은 업적을 보여 줄 수 있었어.

커리코와 와이스먼은 코로나19를 예방할 수 있는 mRNA 백신을 개발한 공로를 인정받아 2023년 노벨 생리 의학상 수상자로 선정되었어.

백신을 개발해 주신 분들,
감사합니다!

5장
쉽기도 하고 어렵기도 한 백신 개발

20세기에 가장 많은 인류를 구한 사람, 힐먼

미국의 모리스 힐먼은 20세기에 가장 많은 인류를 구한 사람이라는 이야기를 들어. 백신을 많이 개발했거든. 무려 40여 가지 감염병에 대한 백신을 개발했고, 그중 30여 가지가 시판되어 감염병을 예방하는 데 큰 도움을 주었어. 20세기 중후반만 해도 감염병에 대한 치료법이 지금처럼 좋은 효과를 보이는 게 아니었기 때문에, 예방 백신을 이용하여 감염병에서 해방될 수 있다면 생명을 구할 수 있었지.

힐먼은 감염의 원인이 되는 미생물을 연구하는 학자였어. 1963년, 아내가 죽고 홀로 두 딸을 키우던 힐먼은 한밤중에 여

섯 살된 큰딸 제릴린이 깨우는 바람에 잠에서 깼어. 딸은 입과 목 사이에 통증이 생기며 부어올라 울고 있었지. 겉으로 보기에 뺨이 부어올라 있었고, 입안을 들여다 보니 입과 목 사이의 인후가 아픈 상태였어. 옛날에 의학 지식이 부족할 때 볼거리라고 부르던 감염병에 걸린 거야. 이때의 '볼'은 뺨을 가리키는 말인데, 오늘날에는 귀밑에 있는 침샘에 염증이 생겼다는 뜻에서 볼거리 대신 유행성 이하선염이라 해.

통증 때문에 우는 딸에게 힐먼이 해 줄 수 있는 일은 별로 없었어. 지금부터 약 60년 전이니, 진통제도 마땅치 않았던 때란 걸 감안해야 해.

합병증만 발생하지 않으면 유행성 이하선염은 며칠 내에 낫기 때문에, 어떻게 되는지 관찰만 하면 되는 병이거든.

다행히 딸은 금세 잠이 들었지만 힐먼은 잠이 오지 않았어. 잠든 딸의 얼굴을 내려다보던 중 유행성 이하선염 연구를 해야겠다는 생각이 들었지. 그래서 한밤에 자신의 실험실에 차를 몰고 가서 딸의 침샘에서 시료를 분리할 수 있는 도구를 가져왔어. 그리고 딸의 입을 벌린 후 장차 연구에 이용할 시료를 채취한 다음

다시 연구실로 가서 냉장고에 시료를 보관하고 남아메리카로 출장을 떠났지.

유행성 이하선염이 생겼을 때 귀밑에 있는 침샘이 부풀어오르는 이유는, 유행성 이하선염을 일으키는 바이러스가 여기서 자라나기 때문이야. 보통은 한쪽만 커지지만 양쪽이 다 커지는 경우도 있어. 통증이 사람을 불편하게 하기는 하지만 참기 어려운 정도는 아니어서 그냥 지켜보더라도 보통은 일주일 내에 정상으로 돌아갈 수 있어.

힐먼이 돌아왔을 때 딸은 완쾌되어 반가운 얼굴로 아빠를 맞았어. 힐먼은 딸에게서 얻은 시료를 이용하여 바이러스를 분리했어. 그리고 이를 이용하여 유행성 이하선염 백신을 개발했지.

둘째 딸 커스텐도 이 백신의 효과를 알아보기 위한 임상 시험에 참여했고, 1967년에 미국 식품 의약품 안전처는 힐먼이 개발한 유행성 이하선염 백신을 시판할 수 있도록 허가했어. 이후 유행성 이하선염 백신이 많은 사람들에게 예방용으로 사용됨으로써 인류는 유행성 이하선염에서 해방됐지. 우리나라도 50여 년 전만 해도 유행성 이하선염 때문에 한쪽 뺨이 부풀어오른 사람들을 많이 볼 수 있었는데 지금은 거의 사라졌어. 신생아 예방 접종표에 따라 예방 백신을 미리 맞았기 때문이야.

힐먼은 평생을 통해 홍역, A형 간염, B형 간염 등 약 40가지의 백신을 개발했고, 그가 속한 머크 회사는 1971년부터 홍역, 유행성 이하선염, 풍진 등 세 가지를 한꺼번에 예방할 수 있는 MMR 백신을 개발하여 판매했어.

힐먼은 말년에 세계 보건 기구 자문 위원으로 일을 하면서 전 세계인들의 보건 향상에 기여했지. 유행성 이하선염 백신의 재료를 제공한 큰딸 제릴린도 세계적 제약 회사인 머크에 경영진으로 참여하고 있어.

자꾸 변하면 백신을 못 만들어

1981년 미국에 그 전까지 의사들이 한 번도 보지 못했던 병이 나타나기 시작했어. 환자가 완전히 지친 상태가 되어 다양한 질병으로 고생을 하는 병이었어. 환자의 상태는 점점 나빠졌지.

원인이나 치료법을 모르는 상태에서 의사들이 찾아낸 환자들의 공통점은 면역 기능이 떨어져서 외부에서 침입한 병원체에 전혀 대항을 못 한다는 거였어.

면역 기능은 선천 면역과 후천 면역으로 나눌 수 있어. 선천 면역은 태어나면서부터 가지고 있는 면역이고, 후천 면역은 병을 한번 앓거나 백신 등을 맞아서 병에 대한 항체가 생기는 경험을 통해 얻게 되는 면역을 가리켜.

앞서 말한 환자들은 특징적으로 후천 면역이 결핍되어 있어서 사소한 감염이라도 생기면 퇴치하지 못하고 감염병이 진행하여 결국에는 오래지 않아 목숨을 잃었어. 일단 발견되면 얼마 지나지 않아서 세상을 떠나게 되니 진단이 곧 죽음을 의미하는 것이었지. 그러니 사람들은 언제 걸릴지 모르는 새로운 병에 공포심을 가질 수밖에 없었어.

그로부터 2년 후, 프랑스의 프랑수아즈 바레시누시와 뤼크 몽타니에는 환자의 시료에서 이전에 보지 못한 새로운 바이러스를 발견했어. 이미 알려진 바이러스와 비슷하기는 했지만 새로운 바이러스가 분명했고, 후천 면역 결핍증(영어 약자로 에이즈(AIDS))

을 일으킨다는 뜻으로 인체 면역 결핍 바이러스라 이름 붙였어. 그리고 2년 후인 1985년에는 우리나라에서도 환자가 발생하여 지금까지 약 2만 명의 감염자가 발생한 상태야.

처음 이 바이러스가 발견된 후 의학자들은 예방 백신과 치료제를 찾기 위해 이 바이러스의 정체를 알아내려고 노력했어.

그런데 이 바이러스는 변이가 워낙 잘 발생했고, 이 때문에 백신 제조가 어려웠지.

백신이란 바이러스 같은 병원체를 사람 몸의 면역 기능이 미리 인식하게 함으로써 다음에 진짜로 바이러스가 몸에 들어오면 맞서 싸우는 걸 쉽게 해 주는 방법이잖아. 그런데 바이러스에 감염되면 심각한 병을 일으킬 수 있으니 바이러스를 통째로 백신 제조에 이용하면 감염에 의해 후천 면역 결핍증이 발생할 위험이 있어. 그래서 학자들은 바이러스의 일부를 재료로 하여 백신을 제조하려는 계획을 세웠어. 그랬는데 이 바이러스가 변이를 잘 일으킨다는 문제가 있었던 거야.

예를 들어서 설명해 볼게. 죄를 짓고 도망을 다니는 범죄자가 한 명 있다고 가정해 봐. 그 범죄자가 어디에 나타나는지를 알아내기 위해 경찰청 컴퓨터에 사진을 입력한 후 찾기 시작했어. 그런데 제보가 들어온 장소를 아무리 뒤져도 범죄자가 보이지 않는 거야. 나중에 알고 보니 그 범죄자에게는 얼굴을 바꾸는 능력이 있어서 경찰청 컴퓨터에 사진을 넣은 순간 범죄자가 얼굴을 바꿔 버리는 거였어.

후천 면역 결핍증을 일으키는 인체 면역 결핍 바이러스도 마찬가지야. 바이러스 군데군데에 변이가 워낙 잘 일어나기 때문에 백신 제조에 이용할 부분을 결정하기가 매우 어려워.

백신으로 사용 가능한 방법이 발견되면 공장을 짓고, 백신을 대량 생산해야 많은 이들에게 접종을 하고 감염병을 예방할 수 있잖아. 공장을 짓고 대량 생산을 하려면 시간이 필요한데 그러는 동안 바이러스가 백신의 표적이 되는 부분에 변이를 일으키는 거야. 백신으로 면역 기능을 강화한 사람일지라도 변이를 일으킨 바이러스에 감염되면 몸의 면역 기능이 인식하지를 못하거든. 즉, 이미 접종한 백신은 무효가 되고 변이된 바이러스를 인식할 수 있는 새로운 백신을 또 만들어서 접종해야 하는 거지.

인체 면역 결핍 바이러스에서 백신 제조에 이용할 만한 부분은 어디든 변이가 잘 일어나기 때문에, 바이러스가 발견된 지 약 40년이 지난 지금까지도 백신이 개발되지 않았어. 그래서 예방이 불가능한 상태야. 코로나19 바이러스는 발견된 지 1년만에 백신을 만들었는데 말이야.

그렇다고 해서 오늘날 우리가 언제 에이즈에 걸릴지 모르는 상

태로 벌벌 떨며 살고 있는 건 아니야. 그동안 연구를 해 보니 바이러스가 몸에 들어온다 하더라도 우리 몸에서 면역을 담당하는 백혈구를 공격하여 파괴해서 후천 면역이 결핍되기까지는 평균적으로 10년 정도의 시간이 필요하다는 걸 알게 되었어. 감염병의 진행 속도가 느린 편이니 그동안에 치료를 하면 되겠지?

우선 후천 면역 결핍증의 원인이 인체 면역 결핍 바이러스라는 게 밝혀진 후 헌혈이나 피 검사를 할 때 이 바이러스가 포함되어 있는지를 알아보는 것이 일반적으로 이루어지고 있어. 그래서 후천 면역이 결핍되기 전에 몸속에 바이러스가 있는지를 알 수 있게 되었어.

본인은 전혀 이상을 느끼지 못한 상태에서 몸속에 바이러스가 있는지도 모르고 오랜 시간이 지나면, 몸에 이상을 느껴서 병원에 갔을 때는 이미 병이 너무 진행되어 치료를 해도 효과를 보지 못할 가능성이 커. 하지만 이상을 못 느낀 상태에서 피 검사를 통해 바이러스가 발견되면 그때부터 치료를 하면 되는 거지.

1981년에 후천 면역 결핍증이 발견되었을 때는 치료법을 몰랐지만 1986년에 이미 그 전에 발명된 약 지도부딘이 인체 면역 결핍 바이러스를 치료할 수 있음이 알려졌어. 그 후 지금까지 여러 치료제가 개발되어 인체 면역 결핍 바이러스가 사람 몸에 있다는 사실을 알게 된 경우 치료를 할 수 있게 되었지.

환자가 많이 발생하는 것은 아닌데 치료가 비교적 잘되니까 제약 회사는 예방 백신을 개발하려는 노력을 열심히 하지 않고 있어. 감염병을 예방할 수 있다는 점에서 백신이 참 좋은 방법이기는 하지만, 환자 발생이 많지 않고 좋은 치료제가 있다면 굳이 백신을 접종할 필요가 없다는 말이야.

백신이 없어도 걱정하지 마

1980년대 말에는 간에 염증을 일으키는 간염 바이러스로 세 가지가 알려져 있었어. A형 간염 바이러스, B형 간염 바이러스 그리고 두 가지에 속하지 않는 바이러스 이렇게 세 가지였어.

A형 간염은 당시에 거의 없었지만 요즘은 가끔씩 환자가 발생하기 때문에 전보다 더 주의해야 할 감염병이 되었어.

B형 간염은 오래 지나면 치료하기 어려운 간암으로 발생할 가능성이 있기 때문에 1980년대에 정부와 의사들은 B형 간염 예방을 위한 백신을 맞으라고 홍보를 했어.

이 백신은 효과가 그리 만족스럽지 못해서 적어도 세 번은 맞아야 했거든. 그래서 국민 건강 보험 공단에서 실시하는 신체 검사 등 피 검사가 들어가는 경우 B형 간염 바이러스 예방 능력을 평가하고, 국민들에게 예방 접종을 권고하는 일이 아주 중요했어. 또 1990년대부터는 신생아 예방 접종에 포함되어, 그 이후 출생해서 백신을 맞은 사람들 중에는 보균자가 거의 없는 상태야. 1980년대에는 몸속에 B형 간염 바이러스를 가진 보균자가 약 10퍼센트였지만 지금은 크게 감소했으니 참 잘된 일이지.

이후 C형 간염 바이러스가 발견되었고, 현재는 D형, E형, G형 등 여러 간염 바이러스가 더 많이 발견되었어.

1990년대 중반에 C형 간염 바이러스에 의한 간염을 치료하기 위해 사용한 약은 치료비가 비싸고, 부작용이 나타나서 오래 사용하기가 힘들었어. 6개월 정도 치료하면 절반 정도 치료되었지만 수개월 후에 재발되는 경우가 흔한 것도 문제였지. 당연히 백신을 개발하기 위해 여러 회사가 뛰어들었겠지?

제약 회사가 백신 개발에 관심을 가지려면 백신을 개발하여 시중에 내놓았을 때 살 사람이 충분해야 해. C형 간염 바이러스 감염자는 전 세계적으로 나라를 가리지 않고 2퍼센트 정도 있는 것으로 추산되었으니, 1990년대에 제약 회사들에게는 C형 간염 바이러스 백신 개발이 관심사가 될 수밖에 없었어. 참고로, 환자가 많이 발생하지 않는 감염병이나 경제가 발전하지 않은 나라에서만 환자가 발생하는 감염병의 경우에는 제약 회사가 백신 개발에 관심을 가지지 않아. 이런 경우에는 정부나 공공 기관에서 비용을 지원하여 백신을 개발하곤 하지.

C형 간염 바이러스는 전 세계에 널리 퍼져 있고, 감염된 상태가 장기간 지속되면 B형 간염 바이러스와 마찬가지로 간암으로 발전할 가능성이 있으니 주의해야 해. 간이 딱딱해지는 간경화와 간에 암세포가 자라나는 간암은 아주 치료가 어려운 병인데, 전 세계에서 발생하는 간경화의 27퍼센트, 간암의 25퍼센트가 C형 간염이 원인이라는 통계 자료도 있으니 치료하지 않으면 무서운 병임이 분명해.

그러나 벌써 30여 년이나 많은 학자들이 C형 간염 백신 개발에 뛰어들었지만 현재 사용 가능한 백신은 없는 상태야. 이유는 인체 면역 결핍 바이러스와 마찬가지로 변이가 많기 때문이야. 바이러스에서 변이가 많이 발생하는 것은 RNA 바이러스의 특징이기도 한데 코로나바이러스, 인체 면역 결핍 바이러스, C형 간염 바이러스가 모두 RNA 바이러스에 속해.

백신이 없어서 불안하다고? 너무 걱정하지 마. C형 간염 바이러스 감염은 치료가 비교적 잘되거든. 처음부터 잘되었던 건 아니고 10여 년 전부터 페그인터페론과 리바비린을 병합 사용하고, 2015년부터는 소포스부비르를 사용함으로써 치료 효과가 아

주 좋아졌어. 그 외에도 여러 약으로 치료가 가능하기 때문에, 백신은 없지만 이제 더 이상 무섭지 않은 감염병이 된 거야.

백신은 감염병 예방에 매우 중요한 해결책이기는 하지만 감염률이 높지 않거나 특효약이 있는 경우에는 백신 개발이 덜 중요할 수도 있음을 보여 주는 감염병이 바로 C형 간염이야. 그래도 B형 간염과 함께 C형 간염은 간암과 같이 아주 치료가 어려운 병으로 발전할 가능성이 있으니 일단 감염이 확인되면 치료를 잘 받아야 해.

미래에는 어떻게 백신을 만들까?

1885년에 파스퇴르가 개발한 광견병 백신은 그 전에 동물용으로 개발한 닭 콜레라와 탄저 백신과는 달리 사람에게 사용하기 위한 것이었어. 누구에게는 사용하고 누구에게는 사용하지 않을 수는 없으니 엄청나게 많은 양이 필요했을 텐데 오늘날과 같은 백신 제조 공장도 없는 상태에서 파스퇴르가 광견병 백신을 개발한 것은 예방이 아니라 치료제로 이 백신을 사용하기 원했기 때문이야.

광견병은 바이러스에 의해 전파되는 감염병이지만, 신경을 물리지만 않으면 사망에 이르기까지 1년이 넘는 시간이 걸려. 백신이 효과를 나타내기까지 몇 주면 되는 것을 감안할 때, 광견병에 걸린 동물에 물린 후에 백신을 투여하면 병이 진행되는 시간보다 백신의 예방 효과가 나타나는 시간이 빠를 거야. 그러면 광견병 발생을 막을 수 있을 거라는 게 파스퇴르의 생각이자 기대였어. 실제로 광견병 백신은 치료 효과를 가지고 있고, 오늘날에도 사람의 경우 치료 목적으로 사용되고 있어.

예방용으로 개발한 백신을 치료용으로 사용하겠다는 생각은 시대를 앞서간 생각이었지만 실제로 그렇게 되었으니 미래의 백신 용도를 파스퇴르가 미리 알아챘다고 할 수도 있어. 미래를 내다보는 게 쉽지는 않지만 과거로부터 현재까지의 변화 과정을 알고 나면 미래를 내다보는 게 불가능한 것만은 아니야.

의학 연구에서는 무엇보다 '안전'이 중요해. 과거에 안전이 담보되지 않은 약을 사용했다가 큰 문제가 된 경우가 있었기 때문이야. 그래서 새로운 약이나 백신이 개발되면 1차, 2차, 3차 임상 시험을 통과해야 사용 승인을 받을 수 있어. 또 사용하기 시작한 후에도 계속 추적 조사를 하여 조금이라도 문제가 발견되면 사용을 중지하곤 해.

일반적으로 새로운 약이나 백신을 개발하는 경우 빨라도 몇 년의 시간이 필요하고, 10년을 넘기는 경우도 흔히 있어. 이렇게 긴 기간은 새로 나타나는 감염병에 대처하기에 너무나도 긴 시간이야. 그래서 학자들은 코

로나19가 유행하기 전부터 백신 개발 과정을 줄이기 위해 노력해 왔어. 생산 시스템을 개선하여 빨리 개발하는 것이 목표였지. 대표적인 예로 임페리얼 칼리지 연구팀은 몇 개월 내에 백신 개발을 가능하게 하는 기술을 이용하고 있었어.

코로나19가 유행하자 이미 개발되어 있는 수많은 항바이러스제를 테스트했지만 뚜렷하게 좋은 약은 발견되지 않았어. 새로운 약을 개발하는 것보다는 이미 바이러스 감염증에 사용 중인 약이 많이 있으니 그중에 효과가 좋은 것이 있는지를 찾는 것은 흔히 있는 일이거든.

그러나 아쉬운 대로 쓸 수 있는 약은 있었지만 뚜렷하게 좋은 약은 없었고, 예방 백신이라도 빨리 제조해야 했어. 그래서 전 세계 수많은 회사가 덤벼들었지.

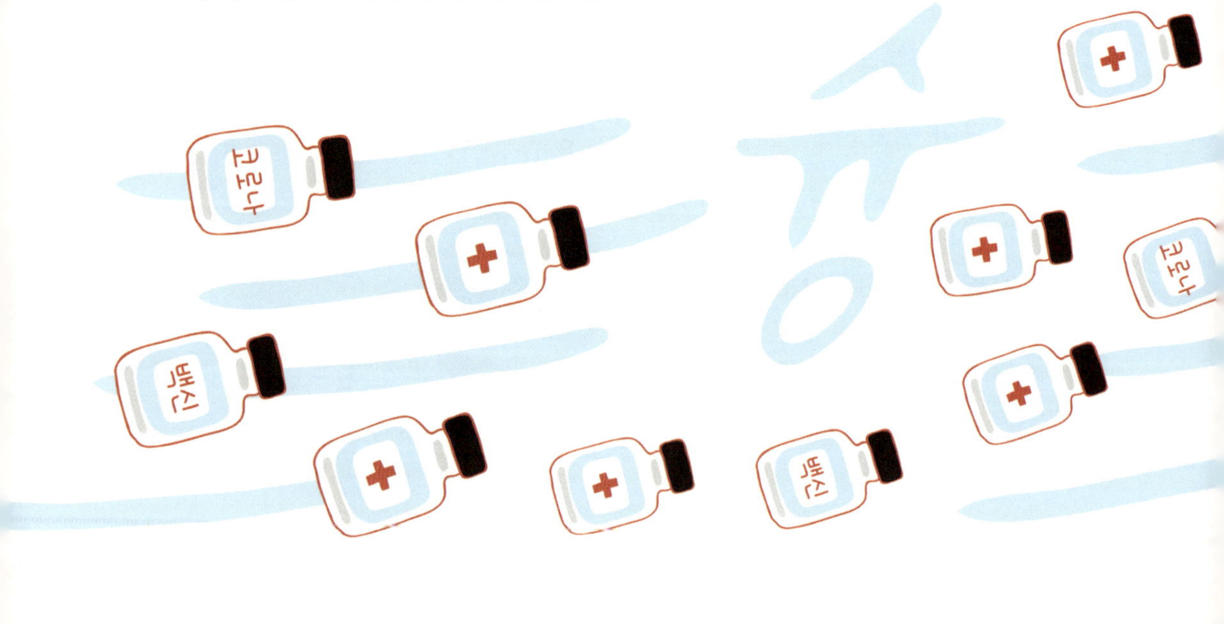

결론적으로 코로나19 백신은 인류 역사상 가장 빠른 약 1년만에 접종되기 시작했어. 20세기에 가장 많은 이들의 생명을 구했다는 평가를 받고 있는 힐먼이 유행성 이하선염 백신을 개발하여 승인받기까지 4년이 걸렸는데, 그보다 한층 앞당긴 거야.

이렇게 빠른 개발이 가능했던 것은 임페리얼 칼리지에서 개발한 생산 시스템을 이용할 수 있었고, 1, 2상 시험을 마친 후에 임시 사용 승인을 받아서 임상 3상 시험을 하는 것과 동시에 사용하기 시작했기 때문이야. 보통은 3상 시험이 끝나야 사용 승인이 나지만 코로나19는 임시 승인을 받아 사용을 시작한 후 1년가까이 지났을 때 3상 시험이 끝나고 정식 사용 승인을 받았어.

코로나19 백신 개발 경험은 미래에는 백신 개발 과정이 지금보다 한층 빨라질 수 있음을 보여 준 예라 할 수 있어.

일반적으로 백신은 주사기를 이용하여 접종을 하지만 백신 접종을 싫어하는 사람들은 주사기에 대한 공포를 호소하는 경우가 많아. 서양에서는 청소년과 성인의 약 4분의 1 정도가 주사기가 무서워 백신 접종을 꺼린다는 통계가 있을 정도야.

과거에는 혈액형 검사를 할 때 날카로운 바늘로 손가락을 찔렀지만 지금은 통증이 거의 없는 권총을 쏘듯이 피를 채취하는 것처럼, 멀지 않은 미래에 주사기 대신 마이크로 니들 패치를 통해 백신을 전달할 수 있게 될 거야. 인도에서 이미 개발하여 사용하기 시작했거든.

마이크로 니들 패치는 아주 미세한 크기의 바늘이 달린 패치를 몸에 붙여 몸속으로 약물을 투여하기 때문에 통증이 작아서 언제 찌르는지도 모르게 백신을 넣을 수 있어. 마이크로 니들 패치를 이용하면 보관이 용이하고 비용도 싸다는 장점이 있으니, 배송이 어려운 지역에서도 예방 접종이 가능해져 접종률을 높이는 데에도 도움이 될 거야.

1970년대에 처음 출현하여 영화와 소설의 주제로도 등장한 에볼라바이러스 감염증은 1996년과 1997년 무렵 동남아시아와 중국에서 발생한 조류 독감과 함께 사람에게 감염되는

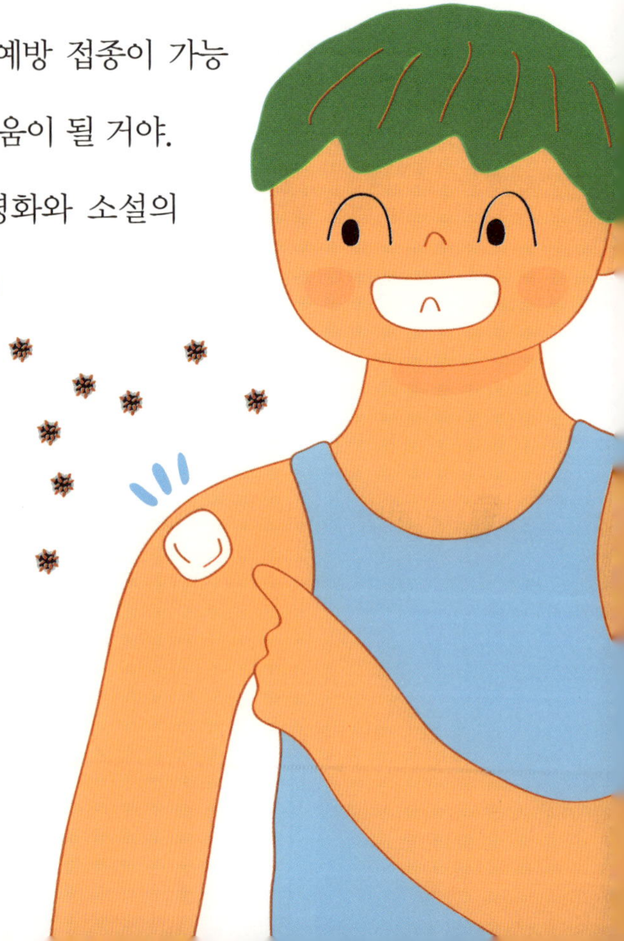

경우 치사율이 약 50퍼센트에 이르는, 인류가 만난 가장 무서운 감염병 중 하나야.

에볼라바이러스 감염증은 그 후로 많은 환자가 발생한 것은 아니지만 지금까지 서아프리카 여러 나라에서 수시로 유행하면서 사람들을 공포로 몰아넣고 있어. 다행히 예방 백신이 개발되었지만 8주 간격으로 두 번 접종을 해야 하는 점이 문제야. 우리나라처럼 국민 의식이 높고 전산화가 잘되어 있는 경우에는 문제가 안 되지만, 아직 발전이 느린 서아프리카에서는 의료 기록을 추적하기 어려워서 2차 접종 대상자를 구별하기도 어렵거든.

하지만 미래에는 백신을 접종받은 사람의 홍채와 지문을 스캔하는 생체 인식 도구가 사용될 거야. 지금도 영화에서는 흔히 볼 수 있는데, 앞으로 백신 관리에 혁신을 가져올 것으로 기대돼.

21세기 시작과 더불어 완성된 인간 유전체 해독으로 인해 앞으로는 각 개인에게 맞춤용 백신을 투여하는 게 가능해질 것으로 예상되고 있어. 지금까지는 임상 시험을 통해 얻은 결과를 토대로 통계 처리에 의해 평균적인 백신을 사용했다면, 앞으로는 각 개인에게 딱 맞는 백신을 별도로 제조하여 투여하게 된다는 거야. 이 방법은 시간과 비용이 많이 요구되기는 하지만 의학 발전 과정을 감안해 보면 미래에 분명히 가능해질 기술이야.

이와 대조적으로 종에 관계없이 하나로 많은 감염병을 해결할 수 있는 범용 백신 사용도 가능해질 거야. 의학 연구가 얼마나 현재의 기대에 맞는 결과를 보여 주느냐에 따라 걸리는 시간은 달라지겠지만 말이야.

사람의 능력으로 미래를 내다보는 것은 불가능해. 그렇지만 밝은 미래를 꿈꾸며 각자가 자기 위치에서 역할을 훌륭히 수행한다면 인류에게는 밝은 미래가 찾아올 것이고, 감염병 예방을 위한 백신 개발도 아주 좋은 성과를 거두게 될 거야.

환경 파괴가 새로운 감염병을 부른다

46억 년이라는 지구 역사에서 사람이 출현한 것은 얼마 되지 않은 일이지만 사람은 비교적 덩치가 큰 동물이고, 워낙 수가 많으며, 지구 곳곳에 손길이 미치지 않은 경우가 없으므로 지구에 엄청난 영향을 주고 있어.

인구가 적을 때는 특별한 문제가 없었어. 원시 시대부터 수백 년 전까지만 해도 적은 인구지만 집단을 이루어 살다 보니 지구에서 사람이 살고 있는 지역은 넓지 않았거든. 그랬는데 근대부터 무역을 통해 상업적 이익을 얻기 위해 항해가 활발해지고, 그 후 더 큰 이익을 위해 식민지를 개척하기 시작했어. 그 결과 사람들의 이동이 왕성해지면서 한 지역에 머물고 있던 감염병도 사람의 이동을 따라 전 세계로 퍼지는 경향이 나타났어.

14세기에 유럽인 약 3분의 1을 죽음으로 몰아넣은 페스트는 몽고군이 아시아에서 유럽으로 쳐들어갈 때 전파되었고, 19세기에 전 세계인을 공포로 몰아넣은 콜레라는 인도 벵갈 지역에 토착화한 감염병이었지만 유럽인들의 방문이 잦아지면서 국제 교류가 활발해진 것이 전 세계로 전파된 원인이야. 우리나라도 19세기 순조 임금 때 인도에서 출발한 콜레라가 조선으로 전파되어 큰 피해를 입었어.

역사적으로는 가끔씩 새로운 감염병이 나타나면서 인류를 괴롭혀 왔지만 20세기 말이 되자 새로운 감염병이 나타나는 빈도

가 점점 잦아졌어.

이렇게 갑자기 새로운 감염병이 인류를 위협하게 된 가장 큰 이유는, 이 책의 맨 앞에서도 말했던 것처럼, 사람이 환경을 파괴하기 때문이야. 환경이 파괴되면 그 환경에서 살고 있는 동물과 미생물이 갈 곳이 사라지므로 근처에 다가온 사람들과 마주칠 가능성이 높아져.

돼지에게서 발생하는 아프리카 돼지 열병이나 구제역은 돼지에게는 아주 치명적인 감염병이지만 바이러스가 사람에게 전파된다 해도 다행히 병이 발생하지는 않아. 이유는 사람의 몸은 이 병을 일으키는 바이러스가 살기에 적합하지 않기 때문이야.

그렇지만 다른 경우도 있어.

2022년 1월 7일에 사상 최초로 사람에게 돼지 심장을 이식하는 수술이 시도되었어. 심장에 문제가 생겨 곧 사망할 위기에 처한 57세 남성에게 돼지 심장을 이식하는 수술이었어.

그러나 아쉽게도 이 환자는 이식 후 약 두 달이 지나서 세상을 떠나고 말았어. 돼지가 가진, 사람에게 해로운 바이러스가 이 환자 몸에서 많이 자라난 것이 사망 원인으로 밝혀졌지.

동물은 종에 따라 미생물이 기생할 수 있는 환경이 달라. 따라서 지금까지 한 번도 감염된 적 없는 새로운 미생물에 감염되면 어떤 일이 벌어질지 예상하기가 어려워. 그런데 사람들이 환경을 파괴하면서 동물들이 사는 지역으로 접근하다 보니 동물이 가지고 있던 감염병이 자꾸 사람에게 전파되는 거야.

약 반세기 전, 사람과 동물에게서

공통으로 감염병을 일으키는 세균과 바이러스가 처음 발견되었을 때는 '인수 공통 전염병'이라고 이름 붙이고 병원체를 구분하기 시작했어. 그런데 약 50년의 세월이 지난 지금, 사람에게 감염되는 미생물 중 약 3분의 2가 다른 동물에게도 감염된다는 사실이 알려졌어.

나머지 약 3분의 1은 다른 동물에게 감염되지 않는 것이 아니라 아직 사람에게서 발견되지 않았다는 뜻이야. 감염병은 증상을 일으킬 정도로 심각하지 않으면 학자들이 관심을 가지지 않는 경우가 많거든.

사람이나 특정 동물에게서 감염병을 일으키는 병원체 중에는 다른 종에서는 병을 일으키지 않고 무증상인 상태로 존재하는 경우도 있고, 감기처럼 약한 증상을 나타내기 때문에 학자들과 일반인들이 무시하고 지나가는 경우도 있어. 이런 경우에는 어떤 병원체에 감염되었는지 굳이 확인하려 하지 않아. 물론 이렇게 병원성이 약한 미생물도 어느 순간 치명적인 병을 일으키는 변이가 발생할 수 있으니 항상 주의를 해야 하지만 말이야.

지구 온난화로 인한 기후 위기도 최근에 동물로부터 사람에게 새로운 감염병이 전파되는 이유 중 하나야.

지구 기온이 1도가 올라가면 모기가 분포할 수 있는 범위가 넓어지게 되므로 모기가 전파하는 감염병이 지금보다 훨씬 많이 발생할 수 있어. 또 수만 년 동안 녹지 않던 얼음이 녹게 되면 그 안에 들어 있던 미생물이 활동을 재개하여 사람에게 치명적인 병원체가 등장할 가능성도 있지. 추워서 얼어 죽지 않았느냐고? 고등 동물은 추우면 얼어 죽지만 미생물처럼 하등한 생물체는

주변 환경이 나빠지면 활동을 정지해서 살아 있지도 죽지도 않은 상태로 겨울잠을 자는 것처럼 존재하고 있다가 환경이 좋아지면 활동을 다시 시작하기도 해.

20세기에 인류가 감염병으로부터 해방될 수 있었던 이유 중 하나는 음식물이 풍부해지면서 영양 섭취가 증가했기 때문이야. 소, 돼지, 닭 등 고기 섭취가 많아져 단백질 흡수가 증가한 덕분에 몸속에 항체를 합성할 재료를 많이 가지게 되었지.

그런데 가축을 자연 상태로 키우지 않고 공장처럼 생긴 곳에 가두어 키우는 일이 많아. 그래야 운동을 하지 못해 고기가 부드럽거든. 하지만 조류 독감이나 구제역 등 가축에서 흔한 감염병이 유행하게 되면, 전파를 막기 위해 집단으로 살처분을 하기도 해. 가축을 키우는 방법의 변화가 인류에게 새로운 감염병 발생 가능성을 높이고 있는 거야.

이처럼, 최근에 새로운 감염병이 자꾸 나타나는 것은 인류가 자연 친화적인 생활 대신 인류에게만 편리한 생활을 추구하기 때문이기도 해. 그러니 앞으로 어떻게 대처할 것인지 깊이 있게 고민을 하여 해결책을 마련해야 해. 그렇지 않으면 새로운 감염병은 점점 더 잦은 빈도로 인류를 위협할 거야.